ANALIZAR EL FÚTBOL

CÓMO GANAR MÁS PARTIDOS ANALIZANDO AL RIVAL Y A TU EQUIPO

GUÍA PARA ENTRENADORES DE FÚTBOL

Álvaro Bracamonte Martins

ISBN: 9798391180340

ÁLVARO BRACAMONTE MARTINS

Analista y entrenador de fútbol. Coach de jugadores y entrenadores. Formador personal y creador de cursos online para entrenadores y jugadores. Licenciado en Educación Física, Deporte y Recreación de la Universidad de Carabobo (Venezuela). Profesor de entrenadores de la Asociación de Fútbol del Estado Carabobo - CEFUTBOL (FVF, Venezuela).

Analista y Staff del Equipo A.D. Unión Adarve en 2da RFEF - España. Experiencia en 3era División, 2da RFEF y muchos años en el fútbol formativo. Escritor del libro «Entrenar para competir – Como competir con tu equipo entrenando 2 ó 3 días a la semana» y «Fútbol para Padres

@alvarofutboles   @alvarofutboles

MIS LIBROS

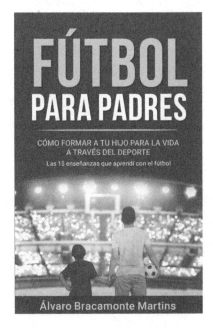

ÍNDICE

Introducción

¿Qué necesitas para aumentar las probabilidades de ganar un partido de fútbol? Si partimos de un análisis simple todos sabemos la respuesta: debemos tener mejores jugadores que el rival. Es lógico, si somos mejores que el rival, la probabilidad de ganar es alta. Esta es una teoría básica, sin un análisis profundo, pero al mismo tiempo es lo que suele funcionar en cualquier categoría de fútbol.

Cuanta más diferencia hay en el nivel de los jugadores entre dos equipos, más probabilidades hay de que un equipo gane por goleada. Así de simple es el fútbol. En las categorías de fútbol base y en fútbol amateur, la diferencia de nivel se suele notar en la mayoría de las ligas. Hay equipos en estos niveles que quedan de últimos en una liga con cero puntos y más de setenta goles en contra y apenas unos cuantos a favor en veintiocho partidos.

Entonces, ¿de qué nos sirve el análisis de los partidos para un equipo tan inferior al resto? Realmente no ayuda mucho en cuanto a conseguir resultados deportivos, aunque si para corregir aspectos individuales e intentar mejorar a nivel grupal. Si hay tanta diferencia de nivel al resto de los equipos, la probabilidad de perder cada fin de semana seguirá siendo alta; aunque puedes minimizarlo con entrenamientos e ideas. Sin embargo, sabemos que estos casos de equipos tan inferiores no es lo que siempre vamos a experimentar. Nos puede suceder, pero no siempre. Todas las temporadas existen equipos de menos nivel en las ligas, aunque no siempre será tanta diferencia con respecto al resto, ni siempre será tu equipo.

Por lo tanto, en este libro vamos a hablar de cómo podemos aumentar las probabilidades de ganar un partido a través del análisis de vídeo, con un nivel de jugadores suficiente para intentar mantenerte en la categoría, estar en media tabla, o por supuesto, luchar por ganar la liga o por el ascenso. **El libro está enfocado a entrenadores de fútbol amateur, semi profesional y futbol base (según la categoría y nivel).**

Ahora bien, si el objetivo de fútbol base no es ganar, sino ayudar en la formación de los jugadores, ¿Por qué estoy enfocando este libro en aumentar las probabilidades de ganar partidos en ese nivel? La respuesta es simple: **todos los entrenadores queremos ganar los partidos al mismo tiempo que formamos a los jugadores; ganar es parte del deporte.** Les preparamos para que mejoren de forma individual y grupal, pero también con el objetivo de que aprendan cosas que les pueda ayudar a ganar los partidos.

El enfoque negativo con respecto a la idea que tienen muchos entrenadores entre ganar o formar, se encuentra en la gestión que se realiza con los jugadores y no tanto en la idea del partido o en el análisis para sacar el mejor rendimiento dentro de la formación. Ganar es simplemente un resultado que no significa que estés haciendo las cosas bien como entrenador. Puedes ser mal entrenador, no enseñar nada para ayudar a los jugadores y ganar porque tienes un equipo mejor que el resto. O puedes perder todos los partidos pero ser un entrenador muy bueno que les enseñas lo que deben aprender, adaptado a la edad, solo que el nivel de tus jugadores es muy bajo con respecto al resto de equipos. Ganar no te hace mejor en este caso.

Si trabajas en fútbol base, sobre todo en categorías más jóvenes (4 a 13 años), debes tener en cuenta que lo normal es que todos los chicos participen un tiempo prudente durante un partido de fútbol, que entrenen las distintas habilidades que le permitan mejorar a nivel técnico y coordinativo, que aprendan los aspectos básicos del juego y que disfruten de todos los entrenamientos y partidos. **Querer ganar no significa que vamos a perjudicar a los chicos solo para conseguir un objetivo personal.** Lo primero que debemos hacer es enseñarles cosas que le sirvan para mejorar y desarrollarse. Lo segundo, debemos intentar que todo lo que les enseñas lo puedan hacer en los partidos. Y lo tercero, es que disfruten y participen en el juego intentando ganar con esa idea de aprendizaje.

Con chicos de 14 años en adelante suele haber más competencia según el equipo donde jueguen y el nivel de los jugadores. **Sigue siendo una edad formativa, pero se entiende que ya no son niños y que deben asumir responsabilidades.** Pueden tener estímulos más competitivos, pueden gestionarse mejor los minutos de juego, y se puede orientar al aprendizaje técnico-táctico de una forma más específica; todo esto sin abusar, según la edad, categoría y nivel del equipo. De hecho, la mayor parte del libro está orientado a partir de estas edades.

¿Puedes realizar el análisis de vídeos para jugadores menores de 13 años? Sí. Hay muchas estrategias que te pueden funcionar para intentar ganar partidos al mismo tiempo en el que les estás formando. De hecho, **podrías analizar tus partidos para mejorar aspectos técnicos individuales de tus jugadores y observar detalles que normalmente no vemos en directo. Pero no para enfocar tus análisis en aspectos tácticos complejos. La idea es realizar cosas adaptadas a la edad y poniendo en práctica todo lo que les has enseñado.** Así que también te ayudará sin perder el enfoque formativo.

Espero que se entienda la idea para que no haya mal entendido. No quiero que empieces a trabajar aspectos tácticos profundos con niños de 8 años solo porque analizaste a tu rival y sabes cómo le puedes hacerles gol. Entiendo que esto es lógico y de sentido común, pero prefiero dejarlo escrito y evitar confusiones.

Ahora bien, ¿quién soy yo y por qué quiero hablar del análisis como forma de aumentar las probabilidades de ganar tus partidos? Actualmente trabajo como Analista de 2da RFEF en Madrid y soy entrenador de fútbol de hace más de 12 años. Llevo tiempo trabajando como Analista de vídeos en diferentes categorías en España: Preferente, 3era División y ahora 2da RFEF, más análisis individuales de jugadores enfocado en alto rendimiento. Es un mundo que me encanta porque me considero una persona muy detallista y observo muchas cosas en una misma acción buscando un patrón en los rivales o en nuestro equipo.

Entiendo el juego desde un punto de vista que me hace analizar constantemente donde están las oportunidades y como sacar ventaja con los jugadores que tenemos. Todos los equipos tienen patrones defensivos y ofensivos, aspectos individuales en los que son más fuertes o más débiles, y estrategias que usan en sus partidos. La idea es hacer un análisis de un conjunto de aspectos de cada una de las fases del juego y que nos permita identificar cómo podemos hacerle daño al rival y cómo deberíamos defender en función de lo que hacen. Eso es lo que vas a aprender con este libro.

¿Estás listo? Empecemos con el enfoque que buscamos.

CAPÍTULO 1

El secreto para aumentar tus probabilidades de ganar los partidos

¿Por qué es importante analizar los partidos de fútbol de tu equipo y del rival? Es simple, te acerca a ganar partidos descubriendo los puntos débiles rivales y minimizando sus puntos fuertes, y te ayuda a mejorar el rendimiento individual y grupal de tu equipo. Voy a plantearlo desde otro punto de vista que te ayude a reflexionar no solo en la importancia que puede tener esto para nuestro equipo, sino en la diferencia con respecto a lo que hacen otros entrenadores. Empecemos con una pregunta:

¿Cuáles son los aspectos que NO podemos controlar como entrenadores de fútbol y que pueden influir directa o indirectamente en el resultado de un partido?

- El clima: las condiciones climáticas, como la lluvia, el viento o la nieve, pueden afectar el rendimiento del equipo, en las situaciones puntuales del juego, y complicar cualquier idea de juego o beneficiar otras. A pesar de que no podemos controlar las condiciones climáticas, podemos adaptar nuestra estrategia a la situación para intentar contrarrestar esta circunstancia.

- **El árbitro:** puede tener un impacto significativo en el resultado del partido. Una mala decisión puede dar lugar a un gol en contra o incluso a la expulsión de un jugador clave. Aunque no podemos controlar las decisiones de los árbitros, podemos trabajar en la disciplina y en el enfoque del equipo para evitar que estas circunstancias acaben siendo un mayor problema.

- **Los rivales:** está claro que el nivel del rival influye, el estilo de juego, el plan de partido que desarrollaron, el nivel de los jugadores, el tipo de partido, etc. ¿Podemos controlarlo? En cierta medida sí, pero en otras hay cosas que no podemos controlar. Además, los jugadores de nuestro equipo pueden sentirse nerviosos en los partidos importantes o en donde los rivales son mejores que ellos, lo que puede afectar su concentración y su rendimiento en el campo.

- **Las lesiones:** son una parte evitable o inevitable del fútbol, difícil de controlarlas, y pueden ocurrir en cualquier momento. Las lesiones de jugadores clave pueden afectar negativamente el rendimiento del equipo, disminuyendo nuestras posibilidades de ganar.

- **La suerte:** este es un condicionante lógico. Si el rival tiene una sola ocasión y la mete y nosotros 20 claras que se van afuera por poco, o pegan en el palo, o el portero rival ha tenido su día perfecto, son cosas el juego y puede tener un impacto significativo en el resultado del partido. Aunque no podemos controlar la suerte, podemos trabajar en el juego del equipo para maximizar nuestras posibilidades de crear oportunidades y minimizar las posibilidades de conceder goles. Lo demás ya depende de la efectividad, fortuna y acciones puntuales.

Aunque entrenemos bien y tengamos buen equipo, hay muchos factores que pueden influir en que no ganemos un partido, o incluso que nos de la victoria. Como no podemos controlarlo, debemos enfocarnos y trabajar en esos aspectos que si podemos influir.

¿Cuáles son los aspectos más importantes que SI podemos controlar como entrenadores y que además pueden aumentar las probabilidades de obtener mejores resultados?

- Estilo de juego: aunque tu equipo no sea el mejor de la liga, si desarrollas y entrenas una idea de juego que funcione con los jugadores que tienes, puedes aumentar las probabilidades de ganar los partidos.

- Estrategia: todo lo relacionado con acciones a balón parado (ABP) y todo lo que te ayude a generar ocasiones de gol. Te pueden ayudar en la mayoría de los partidos, y es algo que no suelen dar mucha importancia los entrenadores.

- Preparación física: si nuestro equipo físicamente está muy bien, podría ayudarnos a conseguir mejores resultados porque es un plus que nos permite llegar en mejor nivel al final del partido o a situaciones puntuales.

- Gestión del equipo: obviamente aquí podemos influir como entrenadores, tanto en la motivación que les podamos dar con nuestros mensajes, en los jugadores que decidamos que estén en el campo, en los cambios que hagamos, etc. Todo eso podría ayudar.

- Análisis de los partidos: los entrenadores pueden identificar las acciones y situaciones que les permita sacar ventaja en los partidos, o las que necesita mejorar el equipo y ajustar la estrategia en consecuencia. Por lo tanto, es tan importante es como cualquier otra situación del juego.

Como se puede evidenciar, el análisis de los partidos es un factor indispensable que podemos controlar, en cierta medida, y que nos puede hacer ganar partidos de fútbol. **El análisis nos permite mejorar los otros aspectos importantes del juego: el estilo de juego, la estrategia, gestionar el equipo viendo los detalles y al mismo tiempo saber si debemos mejorar la preparación física.** Es decir, es uno de los puntos más importantes para potenciar a nuestro equipo al máximo y muchos entrenadores no lo tienen en cuenta porque no graban ni analizan sus partidos.

Por supuesto, el entrenamiento sigue siendo el aspecto más importante porque es lo que el jugador realiza durante la semana. De nada sirve analizar al rival y tener las mejores estrategias si entrenamos cosas que no sirven para el aprendizaje; o no sabemos cómo transmitir un conocimiento o una idea. El análisis es solo un complemento importante para aumentar las probabilidades del éxito del equipo.

La mayoría de los entrenadores de fútbol amateur y de fútbol base no analizan los partidos debido a la falta de tiempo, falta de recursos para grabar los partidos, e incluso por sus poco conocimiento del juego. Eso significa que te puedes diferenciar del resto de entrenadores y destacar en tu club solo por grabar y analizar unos partidos. Además, no solo serás diferente por grabar, también vas a transformar esos análisis para aumentar la probabilidad de ganar tus partidos, y sobre todo, para mejorar el rendimiento de tus jugadores.

El análisis de los partidos de fútbol se trata de **observar con atención los detalles del juego para obtener información valiosa que pueda utilizarse para mejorar el rendimiento del equipo y sacar estrategias para ganar los partidos**. No se trata solo de ver el partido y disfrutar del espectáculo, sino de analizar el juego con una mirada crítica y enfocada en las distintas fases del juego.

Pero, ¿por qué es tan importante el análisis de los partidos de fútbol? La respuesta es sencilla: el fútbol es un deporte dinámico en donde los jugadores deben interpretar muchos estímulos a la vez y tomar decisiones según lo que perciben, eso hace que cada partido sea diferente. El rendimiento de un equipo puede variar de un partido a otro, y cada rival tiene planteamientos y jugadores diferentes. **El análisis de los partidos de fútbol permite a los entrenadores adaptarse a estas variaciones y preparar una estrategia que maximice las probabilidades de ganar.**

Una de las herramientas más importantes para el análisis de los partidos de fútbol es el vídeo. Grabar y revisar los partidos es una forma efectiva de identificar los puntos fuertes y débiles del rival o nuestro. Al mirar el partido grabado, se puede observar circunstancias puntuales que no se suelen ver tan fácil en directo, como la posición de los jugadores en el campo y los movimientos que pueden haber pasado desapercibidos en el momento del partido. El video también permite ver las jugadas las veces que quieras y analizarlas en detalle para determinar qué funcionó o qué no.

Aunque no solo el análisis debe ser con un vídeo. No vamos a ir por todos los campos a grabar a todos los rivales por dos motivos. Primero, quizás no nos permiten grabar a otros clubes si no son nuestros jugadores, salvo en ciertas categorías y nivel. Segundo, no es tan cómodo ir con un trípode a todos los campos sin saber si te dejarán grabar, además de no dar pistas al rival de que les estás grabando. Lo más fácil es analizar los partidos en directo sacando los aspectos importantes que nos puedan ayudar a atacar los puntos débiles del rival, o analizar el partido que hemos jugado anteriormente contra ellos.

Otro aspecto importante del análisis de los partidos de fútbol es la recopilación de estadísticas. Esto puede incluir información sobre el número de tiros a portería, los pases completados, los balones perdidos, la posesión del balón y muchas otras métricas importantes. La recopilación de estas estadísticas permite identificar patrones y tendencias en el rendimiento del equipo, lo que puede utilizarse para ajustar la estrategia en el próximo partido. Yo lo uso menos y no profundizaré esto en el libro porque no es algo que se use comúnmente en el fútbol base o fútbol amateur, pero es bueno tenerlo en cuenta.

Entonces, ¿cuál es el consejo para aumentar las probabilidades de ganar? **Observar y analizar los detalles que te iré contando a lo largo de este libro para que puedas tener herramientas que te permitan sacar**

el máximo rendimiento de tu equipo ante distintos rivales que te enfrentes, y a mejorar el rendimiento de tus jugadores a través del vídeo. No es un secreto, es algo que seguramente tienes en cuenta, pero si debes saber cuáles son esos aspectos que te ayuden a analizar, de forma eficaz, los puntos débiles del rival y los puntos fuertes para aumentar tus probabilidad de ganar. Y, por supuesto, los aspectos de tu equipo para mejorar el rendimiento individual y grupal. Todo eso es lo que te contaré en los siguientes capítulos.

En conclusión: el secreto para ganar en el fútbol no está solo en el talento de los jugadores, sino también en la capacidad del entrenador para analizar el juego y preparar una estrategia efectiva para los rivales.

CAPÍTULO 2

Cómo analizar los partidos de fútbol

El fútbol: igualdad de jugadores en un espacio determinado, un balón, dos porterías y el objetivo simple, hacer más goles que el rival. No es difícil de entender el fútbol desde esa premisa. Si queremos ganar, debemos intentar que nuestros jugadores estén en zonas de ataques el mayor tiempo posible con posibilidad de hacer gol e intentar que el rival no tenga oportunidades para marcar. Luego, hay que ser efectivos en la portería rival. La complejidad del cómo lograrlo está aumentando con las estrategias tácticas que plantean los equipos para atacar y para defender.

A medida que entrenes en un equipo de mejor categoría o nivel, los partidos pueden llegar a definirse en pequeños detalles. Es decir, una acción a balón parado, una situación de juego aislada, un error, una jugada individual o una jugada colectiva pueden definir un partido, una liga o una copa. Es lógico, son las formas de hacer gol. Ahora bien, **una jugada individual que se ha generado después de una situación entrenada, puedes repetirla en varias ocasiones y generar más ocasiones de gol en comparación con una jugada improvisada por un jugador sin ningún patrón previo.**

Si sabes cuáles son los puntos fuertes de tu equipo y analizas los puntos débiles del rival para intentar aprovecharlo en el partido, puedes llegar a generar más ocasiones de gol con tu estilo de juego. Y aunque ganes un partido 2 a 0 con dos jugadas de córner que acabaron en gol, si esas jugadas de córner provienen de unas jugadas que han sido entrenadas como resultado del análisis rival y del entrenamiento previo, entonces estás transformando el análisis en ocasiones de gol.

Toda mi vida fui jugador de fútbol, entrené muchas horas, me dediqué mucho para mejorar mis capacidades físicas y técnicas; pero debo admitir que empecé a entender el fútbol desde una perspectiva diferente desde hace algunos años. Muchas cosas que hacía de jugador eran por inercia, porque así lo aprendí sin saber el por qué. La mayoría de las situaciones del juego no las entendía, solo repetía patrones que me habían enseñado. Comprender el fútbol, desde otro punto de vista, me ha hecho reflexionar en lo poco que sabía cuándo era jugador.

¿Cómo empecé a entender el fútbol? Fue en un curso de entrenador de fútbol en España. Me dio clases Alvaro Gómez-Rey, entrenador del Juvenil C del Real Madrid y con el que trabajé durante 4 años. Me enseñó que todo tiene un sentido, y que se lo debemos dar tanto en los entrenamientos como en los partidos. Estuvimos en C.D. Galapagar, un equipo de la Sierra de Madrid que estaba en la categoría Preferente y llegamos a ascender a 3era División con un presupuesto medio y mantenernos con presupuesto bajo para la categoría **a través de la idea de juego con ataque combinativo y la salida de balón con diferentes patrones de juego.**

El problema era que hace años no reflexionaba en el juego como lo hago ahora. Me he vuelto un especialista en esta área por analizar tantos partidos con el enfoque correcto, y sobre todo, por entender el juego desde encontrar la superioridad y el hombre libre, detallando los puntos débiles, analizando el tiempo y el espacio que tiene cada jugador en las distintas fases del juego, corrigiendo los aspectos individuales de los jugadores y potenciando el juego colectivo con detalles que muchas veces los jugadores no perciben en el campo con facilidad.

De hecho, diseñé un curso online de salida de balón según las distintas presiones rivales, estilo de juego y características de jugadores porque a muchos entrenadores les encantaba lo que hacíamos. Algunos me preguntaban cómo entrenábamos la salida de balón y cómo lo podían realizar con sus equipos en distintas categorías, y era la mejor forma de ejemplificar el trabajo de unos años enfocado en la salida de balón. Considero que si entendemos el juego como entrenadores y entrenamos la salida de balón ante distintas presiones altas que hacen los rivales, aumentamos la probabilidad de progresar en el juego y de que la jugada pueda acabar en ocasión de gol. Y si encima analizas al rival y prevés lo que va a hacer, es más fácil entrenar la salida y la progresión en el juego.

Entonces, ¿Cómo empezar el análisis del fútbol? Lo primero desde una reflexión básica. **¿Qué deben hacer los jugadores en cada situación con y sin balón? Y ¿Por qué? Estas preguntas son la clave para reflexionar en lo que queremos transmitir a nuestros jugadores en los entrenamientos y en los partidos.** Interesa más conocer el «por qué» de las acciones ya que nos permite enseñar el conocimiento con más facilidad. Sin embargo, no deja de ser algo complejo dentro del campo. En muchas situaciones de partido los jugadores deben tomar decisiones en décimas de segundos y a veces no tienen herramientas para responder ante esos estímulos. Nuestro objetivo es prepararles, dándoles herramientas para que luego que ellos decidan qué hacer.

En segundo lugar, **es importante establecer objetivos claros para el análisis.** ¿Qué es lo que quieres lograr con el análisis de este partido en particular? ¿Estás buscando identificar fortalezas o debilidades de tu equipo? ¿Quieres analizar aspectos individuales por encima de lo colectivo? ¿Estás tratando de encontrar oportunidades con las debilidades tácticas del rival para planificar tu plan de partido? Si vas a ver un partido, ya sea en vídeo o en directo, es difícil percibir todos los aspectos en una sola secuencia. Por eso recomiendo definir un objetivo e intentar observar esos detalles. Si tienes el vídeo será más fácil captar situaciones diferentes del juego repitiendo las acciones, pero eso lleva tiempo.

Una vez que tengas tus objetivos claros, es hora de comenzar a recopilar información:

- Observación detallada: El primer paso en el análisis de los partidos de fútbol es observar detalladamente esos aspectos del juego que quieres analizar. Si lo enfocamos en el rival, observa la formación del equipo, la estrategia de ataque y defensa, el estilo de juego con los jugadores que tienen, y las acciones individuales. **Es importante estar atento a los detalles que pueden marcar la diferencia porque es la clave entre un análisis básico y uno interesante. Es lo que quiero profundizar con este libro.**

- Análisis de la táctica (fortaleza y debilidades): Una vez que hayas observado detalladamente el juego, es importante identificar las fortalezas y debilidades del equipo rival y compararlas con las de tu equipo. Esto te permitirá adaptar tu estrategia para generar ocasiones de gol a tu favor y evitar que te los hagan. Analiza el sistema de juego, el estilo de marcaje, el tipo de presión, la posición de los jugadores en el campo, los movimientos que realizan y los espacios que se generan.

- Estilo de juego: cada equipo tiene su propio estilo de juego y es importante entenderlo para encontrar sus puntos débiles y puntos fuertes. Incluso, observar el estilo de nuestro equipo para corregir detalles importantes del juego. Algunos equipos pueden preferir tener el balón, otros atacar con juego directo, mientras que otros pueden optar por un enfoque más defensivo y con contraataques. Debemos tenerlo claro para transmitirlo a los jugadores y sepan lo que se van a encontrar.

- Análisis de los jugadores: analizar a los jugadores individualmente es un aspecto importante a considerar. Debemos identificar las fortalezas y las debilidades de los jugadores más importantes dentro del campo. Por ejemplo, el punto débil en defensa para buscar ese sector o el punto fuerte en ataque para saber cómo defenderlo. Analizar el rendimiento de cada jugador en el partido también te permitirá identificar las zonas que puedes aprovechar en un partido, aunque esto puede requerir de tiempo durante la observación para detectar micros aspectos.

- Posicionamiento: el posicionamiento de los jugadores en el campo es un aspecto clave a considerar, es lo que te dice dónde pueden estar los espacios y cómo puedes encontrar jugadores libres. Debes prestar atención a la forma en que sus jugadores se posicionan y a la manera en que se mueven en el campo. Es importante considerar la formación táctica del equipo y cómo se adapta a los cambios durante el partido, ya que según las circunstancias se pueden modificar. Por supuesto, también debes analizarlo con tus jugadores.

- Fases del partido: debes analizar y comprender que hacen los rivales en las cuatro fases del partido: ataque organizado, defensa organizada, transición defensiva y transición ofensiva. Más adelante profundizaré que aspectos debes considerar de cada una de ellas.

- ABP: es muy importante prestar atención a las jugadas de estrategia rival, es decir, las acciones a balón parado. Estas jugadas son tiros libres, saques de esquina, saques de banda y penales. A menudo pueden marcar la diferencia en un partido. Analiza cómo el equipo contrario maneja estas jugadas y cómo tu equipo las puede defender o atacar. **Es un punto que solemos olvidar analizar los entrenadores cuando observamos un partido de fútbol o cuando vemos un vídeo. Recuerda, esto puede ser diferencial**.

Todos estos puntos los profundizaré de forma detallada en los siguientes módulos. Quería que te llevaras la idea de cuáles son los aspectos básicos a considerar dentro del análisis de los partidos de fútbol y en qué debes fijarte a la hora de hacer el análisis. Si eres entrenador con experiencia o has sido jugador de fútbol, estos aspectos ya los conoces, lo sé. Sin embargo, **la profundidad de estas situaciones que te permitan aprovechar o mejorar el rendimiento de tu equipo es el análisis y la reflexión que quiero que te lleves cuando finalices este libro.**

CAPÍTULO 3

El análisis táctico global: la táctica y los patrones de juego

¿Alguna vez te has preguntado cómo algunos equipos de primera división logran ser superiores en un partido ante un rival que tiene mejores jugadores? En ese momento seguramente piensas: «que mal está jugando ese equipo con los jugadores que tiene». A veces puede ser que estén jugando mal, pero muchas otras veces es una consecuencia de un trabajo táctico rival que ha condicionado el juego.

Solemos estar pendiente de lo que hace mal un equipo solo porque en teoría tiene mejores jugadores que el otro, sin analizar que sucede en general. Nos olvidamos del trabajo que hay detrás de un equipo que ha preparado un partido casi a la perfección para contrarrestar a su rival con mejor nivel. Esto ocurre constantemente en las distintas ligas del mundo y es debido, en gran parte, al trabajo de análisis y al plan de partido que ha realizado el entrenador en conjunto con su cuerpo técnico.

¿Cómo es posible que algunos entrenadores sean capaces de predecir el juego de sus oponentes con tanta precisión hasta el punto de lograr resultados positivos? **La respuesta es gracias al análisis profundo de todos los aspectos globales del rival y de la reflexión para saber**

qué estrategias realizar ante lo que ven. Esa es la diferencia entre un entrenador promedio y uno diferencial. Aunque, sabemos que el análisis y nuestro plan de partido no siempre será tan efectivo, ni siempre vamos a acertar. Por mucho que analicemos los patrones de los rivales, habrá aspectos que no podemos controlar ni predecir al 100%. Además, los jugadores son los protagonistas y los errores individuales o aciertos son parte de juego que no se pueden controlar. Bueno, algunos se pueden corregir.

En el fútbol amateur, semi profesional y profesional hay patrones que suelen mantenerse en la mayoría de los equipos según los resultados que han tenido en los últimos partidos y te puede dar una idea de lo que te vas a encontrar. Si un equipo gana un partido 3 a 0, con un dominio total ante un rival bueno de la liga, lo más normal es que en el siguiente partido repitan los mismos jugadores y realicen el mismo estilo de juego, salvo algunos matices que se modifiquen por el rival o por el campo. Normalmente no se hacen cambios en el once inicial ni en el estilo de juego ante resultados y sensaciones positivas. Si ha ido el partido bien, ¿por qué modificar? Así que ya te puedes hacer una idea de cómo suelen ser los patrones de los entrenadores.

¿Cuándo podría haber cambios importantes si han ganado 3 a 0 con sensaciones positivas? Cuando hay partidos seguidos entre semana con un tiempo de descanso corto, rotando algunos jugadores con el fin de evitar sobrecargarles y así prevenir lesiones; por ejemplo, jugar el domingo y luego el miércoles. Cuando hay jugadores lesionados o con molestias, evitando cualquier tipo de lesión. Cuando hay un jugador importante que no jugó el partido pasado por alguna situación en particular. O cuando sucede algo durante la semana que condiciona. Puede haber otros tipos de cambios porque el entrenador es el que decide, pero es un patrón a tener en cuenta.

Ahora bien, si tu rival en su último partido perdieron 3 a 0, dejando una imagen bastante pobre sobre el campo y además tienen un par de jornadas haciendo lo mismo, pueden suceder muchas cosas: desde cambios importantes en el once titular, cambios en el sistema de juego, cambios en la formación, en el estilo de juego, o incluso del entrenador. Esto es un patrón que también ocurre en muchas oportunidades. Tenemos que estar preparados para ello.

En el análisis táctico global se analiza cómo funciona y cómo se mueve un equipo de fútbol dentro del campo, de forma conjunta. No se centra en el rendimiento individual de cada jugador. Al observar los distintos patrones de movimientos del equipo en el campo de juego, se puede identificar la forma en la que atacan, la forma en la que defienden, los sectores del campo en el que más se mueven, la separación entre líneas, los espacios que dejan en ciertas acciones, los patrones en las acciones, etc.

No debe estar enfocado solo en el rival, también con tu equipo para corregir detalles de tu idea de juego. Es la mejor forma de potenciar a tus jugadores. En un punto más adelante te diré exactamente cómo vas a realizar el análisis táctico del equipo rival y en qué aspectos enfocarte de una forma más específica con algunas situaciones ejemplificadas. En este punto te adelantaré las cosas que debes considerar desde el primer instante en el que vas a ver un partido y quieres sacar los detalles necesarios que te sirvan para sacar el máximo rendimiento de tu equipo o de aprovechar las debilidades del rival.

Partiendo de esa idea, para analizar un aspecto global del juego lo primero que debemos hacer es analizar el partido anterior de nuestro rival: ¿contra quién jugó?, ¿cuál fue el resultado del partido?, ¿hubo algún sancionado?, ¿dominaron el partido?, ¿alguno se lesionó? A partir de aquí ya sabes que te puedes encontrar patrones y situaciones similares a ese partido o estar preparado para posibles cambios radicales en la forma global del juego o de los jugadores iniciales.

¿Y cuáles son los detalles importantes y determinantes que debemos analizar de forma global sobre el rival? Te lo cuento de forma general:

• **Debes analizar el comportamiento del equipo con el balón.**

Esto implica evaluar si juegan ataque combinativo, ataque directo o simplemente se repliegan e intentan hacer un contraataque cuando recuperan el balón. Si el equipo rival tiene un alto porcentaje de posesión pero le cuesta crear oportunidades de gol, es muy diferente que un equipo que genera muchas ocasiones de gol a través del ataque combinativo.

En la primera podemos dudar si presionar en su campo o dejarle la posesión del balón porque sabemos que podemos defender replegados sin sufrir muchos ataques peligrosos, y en la segunda opción tendríamos dudas de si ir con marcajes al hombre para que no tengan oportunidad de jugar con comodidad o realizar una presión alta con ciertas conductas para impedir su juego y evitar acciones de peligro. El comportamiento del equipo rival puede condicionar nuestro plan de partido y nuestras decisiones en ciertas fases del juego.

Este es uno de los aspectos más importante a analizar porque es lo que te va a dar la idea de cómo debes defender y de cómo puedes atacar en función de los puntos débiles que observas del rival en comparación con tus jugadores. Luego profundizaré en cada detalle.

- **Debes analizar el comportamiento en transición del rival**.

Debes observar qué hacen y cómo se mueven en el momento que pasan de defender a atacar, y viceversa. Es decir, ¿el equipo rival repliega o presiona muy alto tras perder el balón? Al identificarlo sabrás qué acciones realizar en esos momentos, o si deja mucho espacio en algunos sectores del campo para aprovecharlos. Estos son los detalles micros que hacen la diferencia en muchos planteamientos de partidos.

Y cuando el equipo rival recupera el balón, ¿qué hacen? ¿Son muy verticales? ¿Les gusta dar pases para mantener la posesión? Si tienen jugadores veloces en la zona de ataque y buscan atacar los espacios cuando recuperan el balón, quizás debas defender dando pasos atrás con la línea defensiva y no ir hacia adelante a presionar en cierto sector del campo. Y si en cambio buscan mantener la posesión, ¿te gustaría presionarles por si puedes recuperar rápidamente? En función de lo que observas podrías decidir qué es lo que crees mejor con los jugadores que tienes.

- **Debes analizar el tipo de presión defensiva que hacen**.

Los entrenadores en la mayoría de las categorías de fútbol amateur y fútbol base les piden a sus jugadores que realicen una presión alta para intentar recuperar el balón lo antes posible, impidiendo que el rival pueda progresar a través de pases cortos. Este es un aspecto importante para considerar porque significa que todas las salidas de balón de tu equipo con el portero van a ser presionadas y debes tener herramientas para salir jugando ante distintas presiones o con alternativas de golpeo en largo.

Eso sí, dar un «pelotazo» (golpeo sin sentido) a los delanteros sin ninguna estructura entrenada, puede acabar siendo fácil de defender para los rivales y una pérdida de balón nuestra. Por eso, debemos entrenar patrones de movimientos en salida de balón ante distintas presiones y tener opciones para jugar en corto o jugar en largo con un golpeo; algo similar como lo que hacíamos en Galapagar. No se trata de jugar en corto y arriesgar pases con una presión intensa rival. La idea era atraer a jugadores para generar más espacios a nuestros atacantes.

Recuerdo una persona que un día me dijo: «la gente dice que ustedes juegan combinativo pero no es así, golpean muchas veces el balón». Me hacía gracia la opinión de algunos entrenadores, nos consideraban un equipo que jugábamos bien, y parece que golpear el balón en alguna oportunidad está mal visto en esta idea de juego. El tema es que no entendían el contexto. ¿Crees que nuestra intención era jugar con pases cortos contra un rival que nos marcaba al hombre? No éramos el Barcelona o el City. Éramos un equipo de pueblo con una idea de juego que nos favorecía mucho para potenciar a los jugadores. Si el rival nos condicionaba, teníamos alternativas para generar peligro. No golpeábamos por golpear, pero hay que entender el juego para comprender esto.

Hago una reflexión: si el rival nos viene a presionar muy arriba y al hombre, ¿qué se genera en esa situación? Habrá más espacios para los atacantes que también están marcados al hombre. Así que, **debemos crear movimientos y patrones para encontrar a esos jugadores en una situación que puedan aprovechar nuestros jugadores con más desequilibrio, y acabar en ocasión de gol.** Todo eso se entrena y se trabaja, pero primero debemos entenderlo. Eso hacíamos en Galapagar. ¿Golpeábamos en salida? Si, cuando los rivales nos condicionaban. Golpeábamos con patrones y cosas que nos servían para generar ocasiones. Luego, en consecuencia, el rival ya no sabía si ir a presionar tan arriba o replegar en las siguientes acciones.

Entonces, debemos analizar qué tipo de presión hace el rival para saber que automatismos y acciones debemos entrenar. Ya sea que presionen alto, o presionen al hombre, o que decida presionar en ¾ de campo, o que prefieran presionar a la altura de medio campo orientando la presión a banda, o que se replieguen y luego presionan los pases interiores para intentar recuperar e iniciar un contra ataque, etc.

Esto es un aspecto global que debes considerar porque es lo que va a permitir que tu estilo de juego lo puedas implementar adaptándolo a las circunstancias condicionadas por el rival. Si te presionan tu salida con el portero, quizás no podrás mantener la posesión del balón mucho tiempo, pero si podrás generar situaciones en donde tus jugadores atacantes tengan más tiempo y espacio para aprovecharlo.

- **Debes analizar el espacio entre líneas que dejan.**

Este es un aspecto que considero muy importante. El espacio entre líneas viene siendo la distancia que se genera entre una línea y otra. Por ejemplo: línea defensiva con línea de medios. Muchos equipos defienden con una separación entre línea muy grande y otras con una separación de líneas muy corta. Eso genera que, según nuestro estilo de juego, tengamos unas opciones que podamos aprovechar y otras que podríamos evitar.

Los entrenadores no suelen corregir este detalle de las distancias entre líneas y se presenta durante mucho tiempo en los equipos. Por lo tanto, es un punto positivo a considerar. Si hay mucha distancia entre línea, quizás puedas meter jugadores a recibir en esos intervalos con movimientos de apoyos. Por ejemplo: distancia entre medios y línea defensiva, y que un extremo tuyo se meta por dentro y reciba en ese espacio.

Y lo contrario que también ocurre, que la distancia entre líneas sea tan corta (equipo muy junto) que tienes la oportunidad de atacar los espacios si consigues superar la primera línea de presión. Más adelante detallaremos mejor este punto e inclusive con un vídeo que pueda describirlo.

- **Debes analizar los patrones de movimientos del equipo.**

Esto implica observar cómo el equipo se mueve en el campo de juego y cómo se relaciona con el balón. Aunque es similar al primer aspecto, aquí ya hablamos de patrones exactos que realizan. Por ejemplo: lateralizar a un mediocentro en salida de balón y avanzar con su lateral, generando superioridad en banda. O meter a los extremos por dentro generando 4 jugadores en el centro de campo difícil de defender. O que baje el delantero a recibir el balón y el extremo atacando la espalda, generando la duda de si el central le sigue o no. Todos estos aspectos los debemos considerar y son patrones claves.

Todos los equipos tienen patrones ante distintas ocasiones. Ya sea por aprovechar un aspecto individual de un jugador, o para sacar provecho en alguna jugada condicionando al rival, o para generar superioridad en algún sector del campo. Si descubrimos cuales son los patrones más importantes que tiene un equipo para intentar generar superioridad ofensiva, podremos entrenar ciertas acciones para contrarrestarlo y de esa forma neutralizarles. ¿Es lógico no? A veces **lo difícil es detectar patrones sin el vídeo o sin una reflexión profunda.**

Por supuesto, también debemos detectar patrones defensivos. ¿Qué jugador presiona? ¿Cómo lo hace? ¿En qué zona del campo? ¿Qué hacen los demás jugadores? Y si logramos salir de la presión ¿Dónde dejan los espacios? ¿Cómo les suelen hacer los goles? ¿Cómo les generan más ocasiones de peligro? Etc. De esa forma sabremos qué aspectos podemos aprovechar en nuestro ataque, y que matices podemos modificar de nuestro estilo de juego en función del rival. Hay más aspectos a considerar y a analizar del juego como las acciones individuales o las acciones a balón parado (ABP), a partir de ahora seré más específico con capítulos más extensos.

Quiero aclarar que no se puede describir en un libro todo lo que podría suceder en los partidos de fútbol, es imposible. **Lo más fácil es analizar con vídeos y presentando distintas situaciones para saber cómo contrarrestarlo y como atacarlo.** Es lo que enseño a entrenadores y a jugadores en mentorías con seguimiento y cursos, pero eso es un trabajo para quienes quieren profundizar en el análisis del juego o salida de balón. Sin embargo, **en este libro tendrás los aspectos más importantes que he aprendido y que me han ayudado a especializarme en esta área con el fin de que aumentes la probabilidad de ganar tus partidos a través del análisis.**

CAPÍTULO 4

Analiza los patrones generales de tus rivales y desarrolla el plan de partido

Hay dos formas de realizar un análisis de un rival: a través de vídeos o en directo. Cuando vamos a ver el partido en el campo es más difícil percibir todos los aspectos del juego porque solemos centrarnos en el balón, en la emoción del público, en las situaciones polémicas o que generan tensión, en el público o en hablar con un compañero que ha ido con nosotros. Nos cuesta detectar tantos aspectos globales tácticos por la velocidad del juego. No es que no se puedan sacar patrones e ideas para el plan de partido, solo que no podemos retroceder la acción si tuvimos dudas en alguna.

Además, tenemos pocas opciones para recordar la acción correctamente. O llevamos un papel para apuntar todos los detalles que vamos viendo (pudiendo perdernos de cosas puntuales), o intentamos memorizar las acciones más importantes que queramos tener en cuenta (descuidando detalles), o lo guardamos en el móvil de forma escrita o con audios narrando lo que vemos, o intentamos grabar fragmentos del partido.

En mi caso, lo he hecho de diferentes formas cuando voy a un partido en directo. En muchos momentos he apuntado en una hoja todas las jugadas que me parecían importantes. Aunque, no me gusta que me vean con una hoja apuntando cosas, no quiero que los rivales sepan que les estoy analizando en profundidad. En otros momentos me centraba en solo observar y grababa notas de voz con mi móvil, separado del público, con el fin de ser detallista en las situaciones que quería destacar sin perderme del partido; e incluso para especificar acciones individuales que debía considerar y sin que nadie se diese cuenta. Es la forma que más recomiendo si te puedes alejar del público. Y en otras oportunidades grabé fragmentos con mi móvil o solo recordaba los aspectos más importantes en mi mente.

Da igual como realices este análisis en directo, el objetivo es tener información que nos permita preparar el plan de partido enfocándonos en los puntos débiles del rival para intentar aprovecharlo y en los puntos fuertes para intentar contrarrestarlo. Cuanta más información tenemos de un rival, más fácil será preparar al equipo para el fin de semana. Sin embargo, eso también tiene aspectos negativos. Tener mucha información del equipo contrario y no saber gestionarlo puede llegar a ser un problema para nosotros y para nuestros jugadores; podríamos confundirles si damos muchas instrucciones.

Y si tienes la posibilidad de grabarles o de analizarles a través de vídeo, será más productivo para tu plan de partido. Entiendo que esto es difícil de tener en el fútbol amateur y fútbol base. Si los rivales graban sus partidos y pudieras conseguir los últimos que han jugado, sería lo ideal. Otra opción es que vayas a verles y les grabes con tu teléfono móvil. Y si no es posible, al menos podrás grabar y analizar tu partido de ida contra ellos, y esa información te sirve de referencia para el partido de vuelta. No es lo mismo porque habrá pasado un tiempo y los equipos suelen cambiar forma de jugar e incluso de jugadores durante la temporada, pero puedes tener información de aspectos que posiblemente se mantengan. Tendrías que complementarlo con un análisis en directo para saber si mantienen el mismo patrón.

En el capítulo anterior hemos hablado de los aspectos generales del análisis que debemos tener en consideración. En este punto profundizaremos cada uno de ellos con el objetivo de que puedas desarrollar tu plan de partido en ataque y en defensa. Te daré algunas ideas adicionales de cosas que podrías hacer según algunas situaciones.

¿Cuáles son los aspectos generales que debes analizar? Lo dividiré en las cuatros fases del juego que es la que nos va a permitir encontrar detalles en cada situación. Obviamente, **debes tener un conocimiento táctico básico del juego para comprender las explicaciones escritas o las situaciones que quiero mencionar.** Son aspectos fáciles de entender porque no me gusta expresarme con tecnicismos, mi intención es que puedas entender mis explicaciones de forma clara y precisa. Sin embargo, si estás empezando en el mundo como entrenador y no tienes conocimientos del juego porque no jugaste fútbol, habrá pequeñas cosas que pueden confundirte por no estar familiarizado con algunos términos.

➤ ATAQUE ORGANIZADO RIVAL:

Se refiere al comportamiento del equipo con balón de manera estructurada para avanzar hacia la portería del equipo contrario.

Los jugadores trabajan en conjunto para crear oportunidades de gol mediante la utilización de movimientos, pases, golpeos, y posiciones específicas en el campo. Nuestro objetivo será evitar que el rival progrese en ese ataque que suele iniciar en saque de portería, falta, saque de banda o situaciones en donde inicie su ataque con nuestro equipo organizado.

Hay dos opciones de realizar un ataque organizado: la primera, es a través del **ataque combinativo**, que hace referencia a progresar en el juego con pases cortos, atraer al rival, encontrar hombre libre, etc. La segunda, **es el ataque directo**, que se refiere a intentar llegar al campo contrario con el menor número de pases posible. Hablaré de estos dos aspectos pero no sin antes mencionar un punto que me parece importante previo a ese tipo de acción: la salida de balón. Mencionaré esos detalles que debes analizar del rival y no tanto enfocado con tu equipo porque el objetivo es aumentar las probabilidades de ganar los partidos encontrando puntos débiles de ellos. Aunque, es lógico que debes analizarlo también con tus jugadores.

1. Salida de balón en inicio de portería rival.

Lo primero, ¿quieres ir a presionar al rival en los inicios o tienes pensado replegar? Esto influye en si debes a analizar este aspecto o no. La mayoría de los equipos en fútbol amateur y fútbol base realizan una presión alta para favorecer las pérdidas del balón del equipo rival en su campo. Una vez recuperan el balón, inician el contraataque en situación de ventaja y con opciones de marcar gol. Por eso, a todos los entrenadores les gusta presionar el inicio del juego del portero ante rivales que intentan salir jugando en corto en estas situaciones.

Hay pocos equipos que tienen trabajado distintos automatismos para la salida de balón de forma eficiente y eficaz, según las características de los jugadores que tienen y de las circunstancias que puedan ocurrir en el partido; es decir, según la presión que hace el rival. **La mayoría de los entrenadores del fútbol amateur y fútbol base lo hacen sin comprender los aspectos importantes del juego** y no analizan cómo encontrar el hombre libre a través de atraer al rival, uso de tercer hombre, apoyos, desmarques, conducción, cambio de ritmo, movimientos, *timming*, estructura vs presión, etc. Son aspectos que llevo años estudiando y analizando con entrenadores de gran nivel, poniéndolo en práctica y con el que ascendimos a 3era división. Es parte de lo que trabajo con mis estudiantes.

Sin embargo, que los equipos no lo trabajen de forma eficaz no significa que no puedan hacerlo relativamente bien. Todos los entrenadores sabemos los aspectos básicos de fútbol, y si se entrenan, podría salir bien ante muchas presiones rivales. Además, si la presión rival es mala, con tener trabajado algunos patrones básicos podremos progresar en el juego sin mucha dificultad. Si analizas en profundidad esos patrones defensivos rivales en salida de balón para estructurar distintas salidas, aumentas las probabilidades de generar ataques y ocasiones en una situación de ventaja. En este caso vamos a enfocarnos en lo que observamos del rival para intentar contrarrestarlo, sin olvidarnos que también debemos hacerlo con nuestro equipo.

- **Observa su formación en el campo y los patrones**. Un equipo que intenta salir jugando en inicio del balón, buscando encontrar hombres libres o atraer al rival para que sus jugadores ofensivos tengan más tiempo y espacio, tienen una estructura según sus jugadores y patrones a realizar. Debemos saber cómo se ubican en el campo para pensar cómo podemos recuperar el balón sin que puedan progresar de manera eficaz o que no generen superioridad en algún sector del campo. Entonces, observa sus posiciones en el campo y al mismo tiempo los patrones de movimientos que suelen tener a nivel individual o colectivo.

Puede suceder que un equipo use a los extremos por dentro y acumule muchos jugadores en la zona centro del campo, generando superioridad en ese sector. Es lo que hacíamos en CD Galapagar generando una salida de 1-4-2-2-2. Sabiendo esto, tendremos que pensar si queremos que los laterales sigan a los extremos por dentro haciendo un marcaje casi al hombre, o que les referencien de cerca, o simplemente dejarles solos y que los mediocentros se encarguen de ocupar sectores en los que puedan llegar para evitar dejar a los centrales en 1vs1 con sus delanteros. Son ejemplos, y solo tú decides como quieres contrarrestarlo con los jugadores que tienes.

Si dejas jugadores rivales libres por el campo con el fin de evitar igualdad numérica en tu línea defensiva, pero vas a presionar muy alto con tus jugadores ofensivos, intenta organizar a tu equipo de manera que puedan cubrir las distintas zonas del campo y al mismo tiempo referenciar a posibles receptores del balón para evitar que progresen. Eso sería lo ideal. Lo que habría que considerar son las dimensiones del terreno de juego porque eso influirá en que unos jugadores rivales tengan más o menos tiempo y espacio para recibir el balón. Además de otros aspectos a tener en cuenta.

- **El golpeo del portero.** Esto es importante y que adquiere mucha relevancia. Si quieres ir a presionar al rival para que no jueguen en corto, pero el portero tiene capacidad de golpear más de 50 metros y dirigir el balón a la espalda de tu línea defensiva, estas corriendo mucho riesgo al presionar. Podrías pedir a tus defensas que den pasos hacia atrás en salida de balón, aunque eso separaría la distancia entre las líneas de tu equipo. Aquí tendrías que analizar si te compensa o no. ¿Tu equipo es muy bueno en duelos y le vas a igualar al hombre? Quizás te compensa.

Si el portero rival tiene un golpeo en largo muy bueno y tu equipo sufre en situaciones de duelos de cabeza, mi recomendación es que no presiones tan arriba y esperes a que jueguen con el central que mejor te convenga para iniciar la presión, luego explicaré a quién en el aspecto individual. En cambio, si el portero rival no golpea lejos y tu equipo no va mal en duelos individuales, quizás ir a presionarles muy arriba sería una gran opción para provocar que el portero rival tenga que golpear sin poder jugar en corto y puedas intentar recuperar el balón en su propio campo.

- **Analiza a los defensas centrales.** En salida de balón, cuando un equipo intenta jugar en corto, se suelen dar estas dos opciones en mayor porcentaje: la primera, el portero decide golpear el balón en largo o a banda porque el rival ha condicionado con la presión. Y la segunda, el portero juega con un defensa central y éste acaba dando un pase o un golpeo a otro jugador. En esas primeras acciones que analizamos debemos intentar observar aspectos individuales que nos ayude a detectar a quién podríamos presionar en inicio de una manera, y a quien de otra.

Por ejemplo, si el central derecho tiene un golpeo en largo muy bueno y el del lado izquierdo suele golpear mal, debemos intentar orientar la presión hacia ese lado. ¿Cómo? Posicionando a un delantero de forma frontal al central derecho y el otro delantero centrado para que el portero juegue con su central izquierdo que es el que tiene más tiempo y espacio y allí empezar la presión intentando que no vuelva con el portero. Esto es un enfoque individual que se mencionará en el siguiente capítulo pero es parte importante en la salida de balón.

Lo que sucede a menudo en el fútbol amateur y en fútbol base es que los defensas centrales que juegan por el lado izquierdo suelen ser diestros. Existe un estudio de la población mundial en donde indica que aproximadamente el 10% de la población es zurda. Eso quiere decir que hay poca probabilidad de que en los equipos de estas categorías haya jugadores zurdos en la posición de defensa central. Por lo tanto, observa si el central del lado izquierdo es zurdo o diestro, eso puede darte una idea de a cuál central presionar entendiendo que el del lado izquierdo quizás no desplace el balón tantos metros como el del derecho. Por supuesto, todo esto son hipótesis sin un análisis específico.

- **Analiza sus movimientos y automatismos**. Después de observar los aspectos importantes en el inicio, debemos analizar cada uno de los patrones que tienen para intentar generar superioridades. Podrían meter a un mediocentro con el portero para realizar la salida de balón con un jugador más técnico que el portero. También podrían intentar generar superioridad en banda ya sea lateralizando a un mediocentro y subiendo a su lateral, o lateralizando a un interior. Podrían tener dos mediocentros por dentro para dificultar la presión e intentar encontrar al hombre libre.

Después de observar los movimientos que tienen y los patrones, puedes diseñar la presión que quieres realizar en la salida de balón con el fin de impedir que tengan la superioridad en inicio, obligándoles a golpear y acumulando jugadores para ese duelo individual con ayudas. Por supuesto, debes tener el equipo preparado para ese golpeo y la disputa de balón.

Como última recomendación de la salida de balón, debes considerar si sus delanteros o extremos tienen buena estatura y ganan muchos duelos de cabeza. Esto podría condicionar la decisión de ir a presionar o no. El objetivo es intentar recuperar el balón lo antes posible y evitar que el rival pueda progresar. Si vas a presionar al campo contrario y te ganan los duelos de cabeza cuando golpean en largo, tu equipo puede sufrir en algunas situaciones si reciben con tiempo y espacio tras la segunda jugada. Profundizaré más de estos jugadores en el análisis individual.

2. Ataque Combinativo

Si a nuestro rival le gusta jugar combinativo, dando pases cortos y atrayendo al rival para encontrar jugadores libres, debemos elegir entre ir a presionar de forma intensa cada jugada, o presionar algunas y replegar en varias fases del partido, o replegar la mayor parte del tiempo. Según el nivel de nuestro equipo y el nivel rival, las opciones pueden variar y las debemos adaptar a lo que creemos mejor.

Imaginemos que tienes un equipo con el objetivo de mantener la categoría por el nivel de jugadores, y te toca jugar un partido contra un equipo que lidera el campeonato realizando excelentes ataques combinativo y dominando las distintas fases del juego porque tiene jugadores rápidos, altos y con una gran calidad técnica. ¿Cómo plantearías el juego? Habría que analizar otros aspectos y tener más datos antes de decidir, lo entiendo. A simple vista no eres el favorito para ganar el partido, y si logras puntuar dentro de las posibilidades que tienes, será un gran resultado.

Si decides ir a presionar en campo rival, igualando casi al hombre, quizás logres sorprenderles en algunas fases del partido. Aunque, si les presionas en campo contrario, tu rival puede acabar golpeando muchos balones en largo a sus delanteros. Si en esa situación ganan los duelos aéreos porque tienen jugadores altos, o ganan la segunda jugada y empiezan a tener mucho espacio para correr y generar situaciones de peligro, ¿te compensa ir a presionarles? Quizás no. Si vas a presionar, debes garantizarte que tienes altas probabilidades de ganar los duelos de cabeza y las acciones de juego directo; y entrenar las ayudas ante esas situaciones. Arriesgar tanto contra un equipo que va de primero dominando todas las fases del juego no siempre sale bien, incluso puedes acabar con una goleada en contra.

He visto muchos partidos en donde un equipo inferior decide presionar a un equipo de alto nivel, por ejemplo, cuando se enfrentan al Real Madrid en cualquier categoría o al Atlético de Madrid. En muchos casos mantienen esa idea durante todo el partido y terminan con más de 3 goles en contra. Es lo normal. Quizás sorprenden durante los primeros minutos al rival, generan alguna ocasión después de robarles el balón e incluso empiezan ganando. El problema es que ir a presionar durante todo el partido a jugadores que tienen capacidad de generar situaciones de peligro con facilidad, suele acabar mal porque en alguna situación van a progresar con espacios y ventaja con acciones individuales y generando ocasiones claras de gol.

¿Quiere decir que debemos replegarnos ante estos equipos? No, tampoco me refiero a eso. Si tu equipo es inferior al equipo que te enfrentas y ellos juegan ataque combinativo, es posible que en muchas fases del juego seas superado si decides presionarles en su campo. Debes ser consciente de en cuáles fases quieres presionar y en cuales deberías replegar, ya sea cuando te superen en alguna presión, ya sea por el resultado, por las sensaciones, o por el desgaste físico. Aguantar todo el partido presionando a rivales de gran nivel requiere de mucho esfuerzo. O tienes jugadores físicamente muy buenos o acabarás sufriendo en muchas fases del juego. Entrena algunos patrones para defender replegado en algunas situaciones del partido evitando que te superen con facilidad porque tu equipo posiblemente lo necesite hacer.

Ahora, si tu equipo no lucha por descender sino que compites contra todos los de la liga y crees que puedes sacar un punto o inclusive ganar ante equipos que dominan muchas fases del juego con balón, te dejo algunas recomendaciones que te pueden ayudar en ese análisis para elaborar el plan de partido.

- **Analiza el posicionamiento y los patrones que tienen**. En la mayoría de los equipos que juegan ataque combinativo, suelen hacer una línea de tres jugadores en ataque organizado, formada por dos centrales y otro jugador que suele ser o un mediocentro, o un interior, o un lateral u otro central si juegan con tres centrales; con el objetivo de generar superioridad en inicio. En ese momento, los laterales ganan altura y los extremos se meten por dentro como interiores para generar una superioridad a la espalda de los mediocentros. Es algo común en la mayoría de los equipos que buscan atacar ante dos delanteros rivales para así generar una superioridad de 3vs2 más el mediocentro. Lo vemos en una foto:

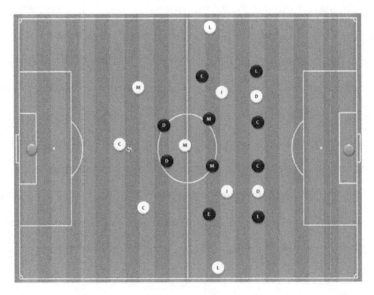

Otra opción que pueden realizar es una salida de cuatro jugadores, con los dos laterales casi a la misma altura que los centrales. Eso se suele hacer ante equipos que presionan con tres jugadores el inicio del ataque rival, y se busca generar superioridad con un jugador más. Lo positivo de la salida de cuatro es que se tiene ventaja defensiva tras perder el balón porque habrá más equilibrio en defensa con cuatro jugadores. Además, si son los laterales los que inician esa salida de cuatro, están en su posición natural para defender posteriormente. Obviamente se pierde un jugador en ataque a comparación de la salida de tres.

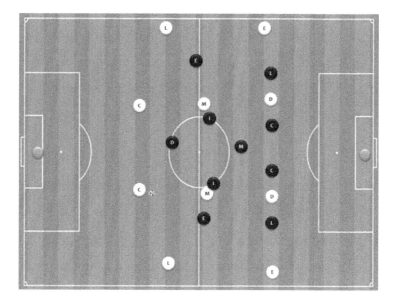

El posicionamiento puede variar en las estructuras de los equipos porque los jugadores pueden tener libertad de movimiento en ciertas zonas del campo, dificultando la presión defensiva. Es un aspecto que debes analizar del rival porque a la hora de defender tus jugadores deben saber que hacer según la situación de la jugada. Si los rivales suelen tener mucha movilidad por todo el campo puede dificultarte a la hora de defender, pero al mismo tiempo puede complicar la progresión rival porque el poseedor de balón no sabrá dónde estarán ubicados sus compañeros en situaciones de presión.

Recuerdo que cuando entrenábamos en la E.F. Concepción, nos tocó enfrentar a la E.D. Moratalaz de Madrid, en la categoría Preferente. Ellos tenían un gran dominio con el balón, les gustaba jugar combinativo y tenían jugadores de gran nivel. Era difícil analizarles porque no había un patrón exacto en muchas fases del juego, de repente acumulaban siete jugadores cerca en el inicio de balón, o se movían por todo el campo generando dudas de quién debía defender a quién. Ascendieron esa temporada porque tenían un gran equipo y porque su estilo de juego les ayudó a ganar muchos partidos, además de la calidad individual.

Cuando nos enfrentamos a ellos en 3era División con el C.D. Galapagar, la situación era muy diferente. Tenían el mismo equipo con algún fichaje nuevo, seguían con esos patrones de movimientos libres en el campo que eran difíciles de defender, pero les costaba ganar. El nivel era mayor y los análisis también. Acabaron descendiendo esa temporada.

Seguían intentando hacer su estilo de juego aunque sufrían muchas pérdidas de balón por las distintas presiones rivales y les costaba defender las transiciones. Como sus jugadores se movían con mucha libertad por todo el campo, dejaban mucho espacio en ciertos sectores para el contraataque y era uno de sus puntos débiles que muchos equipos aprovechaban. Admito que soy apasionado del estilo de juego combinativo y analizarles me gustaba mucho.

No creo que el estilo de juego fuese el problema de ellos en esa temporada, al contrario, soy fiel defensor de esa idea. Además, la temporada anterior les fue muy bien jugando así en la misma división. Habría que analizar muchos factores internos que desconozco. En mi opinión, creo que tanta libertad de movimiento puede ser un factor sorpresa en ataque y puede resultar positivo para el equipo, aunque también puede llegar a penalizar en muchas jugadas contra equipos de mejor nivel. En esa temporada, la movilidad de sus jugadores creo que les perjudicó en varios partidos impidiendo generar ataques de forma organizada, además de las pérdidas de balón que sufrieron en muchos momentos y acabaron en gol. Cosas del fútbol.

En resumen, **observa el posicionamiento rival en el momento del ataque porque es lo que te va a dar parte del planteamiento del partido**. El equipo que juega ataque combinativo busca encontrar la superioridad en alguna zona del campo, ya sea por dentro con pases interiores, o por fuera con la subida de sus laterales o los extremos. Es lo que debes analizar para luego intentar contrarrestarles. Por otra parte, fíjate en los patrones y movimientos por si hay aspectos importantes de debes tener en cuenta y que te pueden ayudar en situaciones si descubres sus puntos débiles.

- **Analiza sus jugadores claves en el estilo de juego.** Todo ataque combinativo tiene la idea de progresar en el juego para darles balones en ventaja a los jugadores más hábiles e importantes del equipo. Cuanto más participen estos jugadores claves en el partido, más oportunidad de éxito tendrán en las distintas acciones. Por ejemplo: cuanto más participa Messi en la elaboración de jugada de su equipo, más probabilidad de que la acción sea productiva por la capacidad de que tiene de entender el juego, de ver los espacios, de analizar los desmarques de sus compañeros en el timming ideal y del gesto técnico con el balón. Sé que Messi es un jugador de otro nivel, pero solo quiero que se entienda la idea.

Tenemos que observar cuáles son los jugadores que más participan en el estilo de ataque que realizan, cuáles progresan más con los pases o conducciones, cuáles tienen mejor cambio de orientación o dan buenos pases a la espalda de la línea defensiva, cuáles atacantes son los más rápidos o los que mejor realizan desmarques, cuáles tienen mejor golpeo fuera del área, cuáles fallan más en situaciones de ataque, cuáles descuidan su zona defensiva que te permita generar un contraataque por allí, cuál es el goleador de su equipo para defenderle muy de cerca en el área, cuál defensa falla más en los pases para presionarle a él, etc.

¿Y de qué me sirve esto? Si un rival tiene jugadores con mucha habilidad técnica en el centro del campo, podríamos intentar presionar de tal forma que ellos no reciban el balón cerrando los pases interiores. Si tienen jugadores rápidos en ataque, quizás podemos defender replegados para evitar que nos ganen la espalda. Si tienen un defensa central que cuando golpea el balón golpea más de 50 metros, podríamos intentar dejar a un delantero cerca de él y que presione de manera frontal, dejando libre al otro central para que jueguen con él y luego ir a presionarle para que golpee sabiendo que no lo hará tan lejos. Son solo ideas básicas. Este es un punto que profundizaré en el análisis individual.

- **Analiza las transiciones defensivas del equipo rival**. Aunque está relacionado con una fase que mencionaré luego, al final van conectados unos con otros, y ocurren de forma simultánea en muchos momentos del partido. Debes analizar durante el ataque combinativo rival cuáles son los espacios que más se generan por los movimientos que tienen en ataque y que pudieras aprovechar cuando recuperes el balón.

Los espacios que más se generan para el contraataque suelen ser por banda. Los equipos que realizan ataque combinativo suelen dar amplitud y profundidad a sus laterales, haciendo una línea de tres jugadores en el inicio con un jugador que está fuera de su posición natural (mediocentro o interior). Esto permite que en transiciones haya más espacios en banda y, normalmente, defendido por un jugador de diferente posición, pudiendo cometer fallos en el posicionamiento y dejando espacios a su espalda tras una pérdida de balón.

Estos son los aspectos generales a tener en cuenta del ataque combinativo a la hora de analizar el vídeo o durante un partido en directo. Por supuesto, habría que detallar y profundizar cada uno de los aspectos del juego y de los patrones o movimientos rivales para hacer un análisis de cómo responder ante las situaciones que se presentan y como transmitirlo a nuestros jugadores. Es imposible describir todos estos los aspectos en un libro. Mi intención es que tengas una idea de qué aspectos considerar del rival en su ataque organizado y luego profundices en el análisis sobre cómo lo podrías contrarrestar y aprovechar con tus jugadores.

3. Ataque Directo

La mayoría de los equipos de fútbol amateur y fútbol base juegan con este estilo de juego. Se basa en buscar atacar la portería rival con el menor número de pases posibles, preferiblemente pases largos y verticales. En lugar de construir el juego poco a poco y mantener la posesión del balón, buscan avanzar rápidamente hacia el área contraria para intentar marcar un gol. Los pases suelen ser directos o menos elaborados, lo que aumenta los duelos y disputas con el rival, disminuyendo el control del partido. Sin embargo, si se entrena correctamente, el ataque directo puede generar situaciones de superioridad numérica en ciertos sectores y acabar con oportunidades de gol.

Para contrarrestar un equipo que utiliza el ataque directo se puede intentar presionar al jugador que realiza el golpeo de balón largo, evitando que pueda golpear con comodidad, y anticipar sus intenciones con la línea defensiva y la del medio para estar atentos a la disputa con las ayudas, coberturas, etc. Este estilo de juego se enfoca en aprovechar la estatura, la potencia y la velocidad de los jugadores ofensivos, que buscan disputar o recibir balones al espacio para generar oportunidades de gol. Por eso, **nuestra principal atención estará en evitar que nos**

ganen los balones a la espalda o en duelos de cabeza. Empecemos por el análisis que debamos tener en cuenta.

- **Analiza sus jugadores claves**. Un equipo que juega con este estilo lo que busca es progresar rápidamente en ataque y suele ser más efectivo cuando los delanteros cuentan con espacios para correr. Por lo tanto, estos jugadores atacantes suelen ser rápidos; sobre todo los extremos. Debemos analizar qué desmarque hacen estos jugadores ante una posibilidad de golpeo o duelo de cabeza, ya sea desmarcándose por dentro o por fuera, con el fin de evitar que reciban con tiempo y espacio dando instrucciones a nuestros jugadores.

Luego, este estilo de juego necesita de, al menos, un jugador en ataque con una buena estatura y con capacidad de ganar duelos aéreos o quedarse el balón con un control de pecho o con cualquier parte del cuerpo para luego jugar con sus compañeros. Es un requisito importante. Por lo tanto, observa cual es el jugador rival que siempre van a buscar en golpeos en largo, y piensa cuál de tus jugadores puede ganar ese duelo, o si debes dar pasos atrás constantemente para estar atento a las segundas jugadas. Es difícil defender esta situación ante rivales contundentes. Mi recomendación es que tengas un mediocentro cerca de la jugada y que sea él quien vaya al duelo de cabeza, de esa forma tendrás la línea defensiva por detrás para las ayudas.

Hay equipos rivales que golpean el balón constantemente y no tienen este tipo de jugador que vaya bien de cabeza. En ese caso podrías presionar la salida de balón del equipo contrario en su campo, con la finalidad de evitar que puedan realizar golpeos con comodidad y que la disputa la podamos ganar en la mayoría de los casos. Aunque, hay que estar atento a los posibles jugadores que se desmarcan a los espacios en velocidad. Recuerda, **los defensas deben estar perfilados para correr ante posibles balones que puedan superar la línea defensiva**.

También debes analizar cuál de los defensas es el que mejor golpea el balón. Si quieres presionar y evitar que metan balones a espalda de tu línea defensiva, debes presionar a los que puedan realizar este pase. Normalmente uno de los dos centrales tiene mejor golpeo que el otro, y debemos evitar que éste pueda tener tiempo y espacio para realizarlo con comodidad.

- **Identifica la zona de golpeo rival y organiza a tu equipo en función de ello**. Una vez sepamos cual es el jugador de referencia al que van a buscar en el ataque directo, debemos intentar organizar al equipo de tal forma que podamos estar cerca para ese duelo y la segunda jugada. Los mediocentros y los extremos tienen que estar muy atentos a las ayudas en el sector de posible golpeo rival y, por supuesto, deben estar pendientes de esa segunda acción para intentar recuperar el balón.

Mi recomendación es que toda acción de balón parado rival en donde suelen golpear en largo o en donde sabemos que suelen golpear al jugador de referencia, **tengamos a un mediocentro cerca de nuestra línea defensiva para disputar con el delantero** de referencia rival y así la línea defensiva pueda permanecer unos pasos atrás ante una posible peinada de balón. ¿Por qué? Porque si el delantero gana la peinada a un defensor central, y el rival juega con extremos rápidos, éste puede desmarcarse al espacio tras la peinada y tendrá una situación de 1vs1 con el lateral. En cambio, si el delantero le gana al mediocentro, siempre habrá un defensor más para la ayuda. Simple.

Y si nuestro central va mejor de cabeza que el delantero y sabemos que puede ganar ese duelo, ¿qué hacemos? Podemos decirle al defensa central que siga al delantero de referencia en esa acción y que el mediocentro ocupe su posición haciendo cobertura. Esto lo podemos hacer en acciones a balón parado en donde sabemos que el rival va a golpear y podemos modificar la posición sin problema. En circunstancias normales del juego, estos cambios de posición son pocos naturales y pueden llegar a ser un problema si no se trabaja correctamente.

- **¿Qué tipo de jugadores necesitas y cómo plantear estos partidos?** Para defender el ataque directo necesitamos jugadores con ciertas características que nos ayuden a contrarrestar ese juego rival. Tenemos que considerar que no podemos cambiar a los jugadores que tenemos en nuestro equipo. Si son muy pequeños en cuanto a estatura, es muy difícil plantear este tipo de partidos contra rivales que tienen jugadores altos, que ganan muy bien esos duelos de cabeza y que son muy buenos en esas disputas de balón.

Lo ideal sería tener jugadores de diferentes características en diferentes posiciones, y sobre todo, para enfrentar a este tipo de rivales. Lo más recomendable es que tengamos jugadores altos, que jueguen en la posición de defensas centrales o mediocentros, porque sabemos que va a haber partidos con muchos duelos de cabeza.

Si no tenemos jugadores altos, habría que plantear distintas opciones. Debemos evitar centros laterales en donde nos puedan ganar en juego aéreo, e intentemos defender lejos de nuestra portería. También debemos tener ayudas de los mediocentros cerca de la línea defensiva en muchas fases del juego para la segunda jugada e intentar no encerrarnos atrás. Si defendemos cerca de nuestra área contra un rival más alto que nosotros y que realizan muchos golpeos del balón, va a generar que haya muchos duelos que pueden ganar y va a permitir que estén cerca de situaciones de remate.

También habría que considerar más aspectos para sacar conclusiones. Si sus atacantes son rápidos a los espacios y buenos en el juego directo, quizás no debamos presionar tan alto porque dejamos mucho espacio para correr. Podemos defender replegados pero evitando centros laterales con buenas presiones en banda; puede ser un buen planteamiento. De esta forma los golpeos a los delanteros tienen que ser más precisos y podemos estar cerca de las coberturas. Son ideas. Depende de tu equipo, de tu rival y de los patrones que tienen.

¿Y si tengo jugadores con buena estatura en ciertas posiciones? Si mi equipo es alto o tengo jugadores centrales altos que van bien de cabeza, me puedo permitir tanto replegar como ir a presionar al rival en función de lo que analicemos de ellos. Lo que si debemos considerar es en tener jugadores que den apoyos a esa segunda jugada sabiendo que ellos van a golpear en la mayoría de las oportunidades. Y por supuesto, habría que analizar más situaciones como la velocidad de los extremos, si intentan atraer antes de realizar un golpeo con pases cortos, o si buscan golpear de primeras, etc.

➤ TRANSICIÓN DEFENSA-ATAQUE RIVAL:

Esto pertenece a la otra fase de ataque de los equipos. Se refiere a la situación cuando un equipo recupera el balón y luego realiza una acción con el objetivo de progresar rápidamente en el juego. Es decir, **están defendiendo, recuperan el balón y empiezan un ataque rápido**. Tenemos que analizar qué patrones suelen realizar dentro del campo en estas situaciones.

Es una acción que se repite mucho en los partidos de fútbol. Podemos observar equipos que al recuperar el balón buscan dar un par de pases de seguridad para salir de la presión y luego iniciar un ataque organizado, y otros equipos que buscan progresar en pocos pases tras recuperar el balón, siendo muy verticales en el juego e intentando ir rápidamente al campo contrario para generar peligro.

Esta fase del juego es importante y tenemos que considerarlo si vemos patrones muy identificado del rival para contrarrestarles. Muchas veces nos olvidamos de estos factores y son clave en los partidos, sobre todo si lo comparamos con nuestra forma de jugar. Es decir, si un rival realiza ciertas transiciones en las que por nuestras posiciones en el campo vamos a estar comprometidos o dejamos espacios que ellos pueden aprovechar por la forma de realizar las transiciones, tenemos que tenerlo en cuenta para saber si cambiar algunos matices o algunas ideas puntuales de nuestro ataque y evitar que nos puedan hacer generar tanto peligro tras perder el balón.

Cuando estamos viendo un partido es complicado detectar todos los aspectos necesarios, lo entiendo. Ahora, las cuatro fases del juego son importantes y fáciles de distinguir. En este caso, **en el momento en que el equipo está defendiendo y consigue hacerse con el balón, tenemos que observar esos dos, tres, cuatro segundos posteriores a la recuperación para saber que hacen.** Suele haber un patrón identificado en la mayoría de los equipos, aunque sea de forma individual o de forma colectiva.

¿A qué me refiero de forma individual? A lo mejor hay un jugador que siempre corre al espacio en ese momento y debemos identificar quién es y en qué zona suele hacer ese desmarque para saber cómo defenderlo dando pasos hacia atrás. La idea es evitar el rival pueda realizar acciones que le permitan tener ventaja, o que si lo realizan, estemos preparados para defenderles.

Si por el contrario buscan mantener la posición de balón en vez de golpear a los atacantes que se desmarcan, nuestros jugadores pueden dar pasos hacia adelante y presionar sabiendo que ellos no van a jugar el balón en largo por los movimientos que suelen hacer sus jugadores. Voy a plantearte algunos puntos importantes a considerar en el análisis de transición defensa-ataque rival.

- **¿Qué realiza el rival cuando recupera el balón?** Lo primero que tenemos que analizar es el patrón que tienen cuando recuperan el balón porque es el que te va a indicar de qué manera tienes que defender esas situaciones. Pueden tener patrones entrenados muy evidentes, otros que según las circunstancias del juego pueden realizar y otros no entrenados sino improvisados. Lo más común es tener un patrón muy identificado o por lo menos un patrón que les guste realizar por las características de jugadores que tienen.

Tenemos que observar qué hacen en el momento que recuperan el balón: si se empiezan a desmarcar y buscan golpeos rápidos a los espacios, si dan dos pases y luego golpean, o si buscan tener la posesión del balón para iniciar un ataque organizado. Varias acciones se pueden dar dependiendo de la zona en donde recuperan el balón. Y tus conclusiones y plan de partido dependerá de tu análisis, de tus jugadores, de tu estilo de juego, de tu forma de ver y entender el fútbol, etc.

Ten en cuenta esos patrones iniciales, sobre todo los primeros tres o cuatro segundos, porque son los que te van a permitir saber de qué forma vas a plantear tu partido a la hora de defender una vez que pierdas el balón y evitando que ellos puedan progresar en el juego con comodidad o que puedan generarte situaciones de peligro en un par de acciones.

- **Analizar a los jugadores claves rivales para esta situación**. Como pasa en todos los puntos, tenemos que analizar los jugadores claves rivales para esta situación. Buscamos saber cuáles son las virtudes que tienen en el momento que recuperan el balón. Puede ser que tengan jugadores rápidos en banda corriendo a los espacios y les buscan constantemente en velocidad, o juegan con el delantero que baja unos metros a recibir el balón separándose de su defensor, o el mismo delantero que se desmarca moviéndose hacia banda, entre otros.

Tenemos que intentar minimizar la oportunidad de que ellos puedan recibir ese balón de transición en ventaja, organizando la presión y las referencias de marcas hacia esos jugadores una vez se pierda el balón. Por otra parte, debemos trabajar nuestro ataque organizado porque necesitamos que los jugadores empiecen a defender mientras atacan, referenciando a los jugadores de peligro. Es decir, prever posibles pérdidas con unas vigilancias que permitan estar preparados para la situación que ya conocemos de ellos.

Por ejemplo, si estamos atacando de forma organizada y tenemos una línea de tres en inicio del ataque con dos centrales y un medio centro, lo más normal es que nuestros laterales hayan avanzado y tengan más profundidad que sus extremos. En ese momento, los laterales pueden descuidar un poco la referencia de marca de los extremos y tenemos que tener en cuenta esta situación. Podríamos tener al mediocentro referenciando al extremo rápido y defendiendo hacia atrás ante una posible transición hasta que vuelva el lateral, o entrenar la temporización para que el rival no progrese con facilidad y volver a organizar el equipo, o cerrar al lateral contrario de la jugada sabiendo que no participa en ataque, etc.

Y si un delantero rival baja a recibir ese balón para jugar de cara con un compañero o para atraer la marca de un defensor, mientras que los extremos se desmarcan a los espacios, tendríamos que evaluar que acción preferimos defender. Porque si el delantero atrae al central, el extremo rival puede tener más espacio para correr en 1vs1 con el otro central o con el mediocentro que hacía la línea de tres en inicio. Quizás el mediocentro que ha lateralizado se puede quedar como posible lateral, el otro mediocentro se puede hacer cargo de cerrar la línea de pase con el delantero que baja a recibir y el central en vez de seguir al delantero, puede mantenerse en la línea defensiva para dar apoyos a los compañeros. Lo explico mejor con un vídeo.

- **¿Cómo preparar a los jugadores para esta situación?** Lo ideal es mostrarles acciones de vídeos de las situaciones realiza el rival o plantearlo en una pizarra con esos movimientos, en donde puedan entender que hacen ellos cuando recuperan el balón y que deben hacer nuestros jugadores en esa situación para prevenirlo. Además, darles los matices sobre las cosas que quieres modificar en cuanto a la forma de atacar, para evitar las transiciones fáciles del rival.

Si estamos atacando con salida de tres jugadores (dos centrales y un mediocentro), identificar qué tipo de jugadores vamos a tener en esas posiciones y cómo podríamos defender hasta que puedan llegar los laterales o las ayudas. También, si los rivales tienen extremos muy rápido y son muy buenos en contraataque, podríamos decidir jugar con una salida de cuatro (dos centrales y dos laterales cerca de la altura de los centrales) en nuestra fase de ataque, y así evitar que el rival pueda tener transiciones con comodidad y al mismo tiempo defendiendo con jugadores en una posición natural.

Otra opción que ya te mencioné en la que podríamos preparar a los jugadores para estas transiciones rivales por banda, es que el lateral contrario de nuestro equipo de donde se esté realizando nuestro ataque, cierre su posición cerca de la línea defensiva para equilibrar ante una posible pérdida. Perderíamos esa amplitud y profundidad en ataque en alguna situación rápida, pero habrá más ayuda defensiva ante posibles transiciones.

Es simplemente es un matiz a darle a los jugadores para que tengan en cuenta y sepan cómo contrarrestar las posibles transiciones rivales teniendo en cuenta nuestra forma de atacar. La mayoría de los equipos de fútbol amateur o fútbol base buscan realizar transiciones con movimientos rápidos de sus extremos o puntas para buscar la espalda de la línea defensiva. Por lo tanto, debes especificar a tus jugadores que deben estar preparados para correr, dar pasos atrás con anticipación y así evitar que se generen situaciones de peligro. Es lógico, lo sé. Pero ¿cuántas veces lo trabajas con tu equipo de forma específica? La mayoría de entrenadores suelen dejarlo a la improvisación de los jugadores.

➤ DEFENSA ORGANIZADA RIVAL:

Esta fase del juego se refiere al momento en donde un equipo no tiene la posesión del balón y quiere recuperarlo. Esto se hace de diferentes formas: desde una presión alta para intentar impedir que progresen tan fácil en ataque, o a través de una presión desde un bloque medio, o realizando un repliegue en diferentes alturas del campo. El objetivo es estructurar al equipo de una forma organizada, evitando ciertos pases y ciertas acciones para forzar al equipo rival a perder el balón.

Si hablamos de una defensa organizada bien entrenada, los jugadores deben estar correctamente posicionados y coordinados, trabajando juntos para impedir que el equipo rival progrese en su ataque. **Es importante que los jugadores entiendan su rol en el sistema defensivo y sepan cuándo y cómo presionar al equipo rival para dejarles sin opciones con balón.**

Es una definición básica pero lógica, todos los entrenadores sabemos esto. Sin embargo, lo dejo claro porque muchos entrenadores trabajan las presiones de manera improvisada, sin unos patrones globales del equipo. Si no lo trabajas correctamente, tu equipo acabará fallando en la presión ante un rival que tenga trabajado distintas acciones y te pueden generar ataques constantemente. Ahora bien, **como muchos entrenadores no trabajan eficazmente esta fase, lo puedes aprovechar en tus análisis y partidos.** Voy directamente al enfoque que nos interesa en el análisis de vídeo. ¿Qué debemos observar del rival y cómo podemos aprovechar las situaciones en este aspecto? Voy a dividirlo en dos partes: Presión y Repliegue.

1. Presión

El objetivo de presionar es recuperar el balón lo más rápido posible e impedir que el equipo rival tenga tiempo para progresar el ataque. La idea es ejercer un marcaje sobre el poseedor del balón y los jugadores cercanos para obligarles a tomar decisiones precipitadas y forzar los errores. Esto se logra mediante la coordinación y el trabajo en equipo de los jugadores, quienes se mueven de manera rápida y ordenada para cortar las líneas de pase y cerrar los espacios. La presión defensiva es una estrategia que requiere de esfuerzo físico y concentración. Puede ser muy efectiva si se ejecuta correctamente.

Esta presión puede ser realizada en diferentes zonas del campo, dependiendo de la estrategia del equipo, de las características que tienen sus jugadores y de las características del rival. Por ejemplo, algunos equipos prefieren presionar en la zona defensiva del rival, para forzar el error y recuperar el balón cerca del área contraria, o para favorecer que el equipo contrario golpee en largo y ganar ese duelo aéreo; mientras que otros optan por presionar en otras zonas del campo, para impedir que el rival construya su juego y pueda avanzar con comodidad en función de lo que considera mejor el entrenador.

La presión en campo contrario tiene ciertos riesgos para el equipo que lo realiza. Si superan esa presión con pases, puede haber espacios para los jugadores ofensivos rivales y generar oportunidades de ataque por la distancia que habrá entre los jugadores que defienden. Por tanto, es importante que el equipo esté bien organizado y preparado para cubrir estas posibles situaciones y evitar que el rival saque ventaja de los espacios que se generan.

La mayoría de los equipos de fútbol amateur y fútbol base realizan una presión alta, es decir, en el propio campo del rival. El criterio es simple: si presionas de forma organizada en campo contrario, tienes altas probabilidades de recuperar el balón ante jugadores que no tienen una calidad técnica muy elevada o ante rivales que no trabajan bien la salida de balón. Y, la mayoría de los equipos que quieren intentar jugar combinativo no tienen entrenados los patrones correctamente de salida de balón ante distintas presiones rivales, ni consideran el nivel de sus jugadores para hacerlo.

Si tú no trabajas bien los aspectos de la salida de balón porque no te lo han enseñado correctamente, o porque no has analizado sobre los aspectos a tener en cuenta como el tercer hombre, hombre libre, conducir para atraer, girar al delantero, apoyos a espalda de rivales, fijar, *timming*, etc., puede ser un partido complicado si tu rival te presiona de forma intensa. Yo lo aprendí de forma efectiva después de trabajar años con entrenadores como Álvaro Gómez-Rey que ahora entrena con el Juvenil del Real Madrid FC. Antes creía que lo sabía porque así lo había aprendido, pero nunca nadie me lo enseño desde un punto de vista diferente que permite que el jugador lo entienda y lo ejecute.

Ahora bien, si tienes trabajado con tus jugadores los aspectos básicos de la salida de balón, aunque no tengan todo el criterio específico, debes analizar la forma en la que el rival te presiona porque es lo que te va a permitir progresar de forma efectiva con esos patrones que tienes entrenado. Es importante tener esto en consideración porque puede ser la clave para progresar en el juego de forma efectiva aunque tus jugadores no tengan un gran nivel para la liga. **Una buena salida de balón contrarrestando la presión rival puede generar que tus ataques lleguen a transformarse en una ocasión de gol**.

¿Cuáles son los aspectos a considerar de una presión defensiva rival y cómo podemos progresar en el ataque de forma efectiva? Te mencionaré algunas ideas, aunque, no puedo profundizar en todos los aspectos de la salida de balón porque no es el objetivo de este libro ya que requiere de analizar muchos aspectos. Tengo un curso específico sobre ello por lo que te mencioné en algún momento del libro, pero puedes ver contenidos más específicos y gratis en mi web **www.alvarofutbol.es** en el apartado de «Tips de Fútbol» o en mi instagram **@alvarofutboles**. Sin embargo, voy a mencionarte lo que debes analizar del rival en esa presión para generar automatismos que te ayuden a progresar en el juego desde el inicio o desde cualquier reinicio del juego.

- **Formación al presionar y movimientos del rival.** Lo primero a observar del rival es la formación con la que presionan. Un equipo que ataca en 1-4-3-3 no significa que presione de la misma manera. Hay equipos que tienen una forma de atacar pero defienden diferente. Por ejemplo, en vez de defender con un solo delantero y dos extremos en 1-4-3-3, puede que uno de los interiores defienda como un segundo delantero y de esa forma generar una especie de 1-4-4-2 en estructura defensiva.

Luego, habría que analizar más aspectos como son los movimientos que realizan. Si defienden en una estructura defensiva 1-4-4-2, habría que ver si los dos delanteros van a presionar a los centrales o si uno de ellos se queda con el mediocentro. Si presionan con dos delanteros a los centrales, debemos analizar si también un mediocentro de ellos sale a presionar al mediocentro nuestro y cuál es la posición de los extremos por si podemos encontrar pases interiores o exteriores. En fin, muchas opciones.

Es cierto que las presiones de los equipos puede variar partido a partido en función del rival y eso puede confundir tu análisis con lo que va a vivenciar tu equipo en el partido. Sin embargo, en la mayoría de los casos suelen mantenerse los patrones defensivos salvo en categorías donde hay más análisis de los entrenadores que se modifican según la forma de jugar del rival. Es un punto a tener en cuenta.

¿Y de qué sirve saber si el rival presiona con un solo delantero o con dos? Si no tienes estructuras de salida de balón clara ni patrones muy establecidos, si el rival presiona con un delantero puedes intentar dar pases entre centrales para girar al delantero y tener a un central con más tiempo y espacio para progresar o para golpear en largo una vez ha recibido el balón. Y si son dos delanteros que presionan muy intenso, valorar si dar un pase a un mediocentro, o si debemos jugar con un pase del central al lateral por la posición de los extremos, o si debemos golpear después de atraerles, etc.

En los casos en los que la presión sea en otro sector del campo y no en la salida de balón, debemos considerar si hacer una línea de tres jugadores para iniciar el ataque combinativo y generar superioridad en inicio, o si dejar una línea de cuatro con los laterales más bajos; todo depende de la presión que hagan, de tu idea de juego, etc.

- **Momento e intensidad de la presión.** ¿Presionan constantemente o solo en ciertas zonas del campo? ¿Presionan con uno, con dos jugadores o con todo el equipo? Es necesario tener en cuenta la intensidad y la forma de la presión para adaptar nuestra estrategia y evitar pérdidas de balón innecesarias.

¿Presionan si están empatando? ¿Dejan de hacerlo cuando van ganando o lo mantienen? El momento de la presión también influye para poder preparar nuestro partido y desarrollar patrones en función de las circunstancias. Hay veces que los rivales permiten que los defensas centrales den pases entre ellos sin ir a presionarles, y esperan a que jueguen en banda para empezar a hacerlo. Por lo tanto, es un aspecto interesante a tener en cuenta porque sabremos que jugadores tendrán más tiempo de tomar una decisión en el inicio del ataque y podemos intentar encontrar la superioridad a partir de esa situación.

Una de las ventajas de que el rival presione en nuestro campo es que se pueden generar más espacios para nuestros jugadores ofensivos si logramos superar esa presión, o golpear para intentar ganar la espalda de la línea defensiva rival con desmarques. Eso puede ser un aspecto positivo a considerar para buscar un plan de partido con ataque directo. Ahora, si no logramos superar la presión rival o no podemos ganar ese duelo en el juego directo después de atraerles, o si no somos capaces de realizar pases con pocos jugadores rivales que presionan, será difícil encontrar esa superioridad y mantener la posesión del balón.

Una vez identifiquemos estos aspectos en el análisis de vídeo o durante el partido en directo, sabremos cuales son las estrategias que debemos plantear para realizar una salida de balón que nos permita progresar en el juego, ya sea con pases cortos o con golpeos de balón después de atraerles. Si no son muy intensos en la presión, habrá más facilidad de encontrar jugadores libres con pases cortos por el tiempo que tendrán algunos jugadores para decidir en muchas situaciones.

- **Distancia entre líneas y entre jugadores de la misma línea.** Una de las cosas que más atención le doy durante el análisis de los rivales en 2da RFEF es la distancia que puede haber entre las distintas líneas de jugadores en el momento de presionar o de replegar. Es decir, si presionan nuestra salida de balón pero su línea defensiva está por detrás del medio campo y sus mediocentros muy cerca del área nuestra, se genera un espacio muy grande entre su línea defensiva y mediocentros que podríamos aprovechar. También puede ser lo contrario, la línea defensiva por delante de la línea del mediocampo con mucho espacio a su espalda. Esto ocurre muy seguido porque los equipos no lo suelen trabajar correctamente y nos puede ayudar a encontrar jugadores libres o atacar los espacios con desmarques.

Y si el rival nos viene a presionar pero deja mucho espacio interior o espacios a la espalda de la línea defensiva, podremos pensar y planificar qué acciones vamos a realizar en el momento de su presión. Te lo mostraré todo con unos vídeos porque es la mejor forma de expresarlo y de que lo entiendas. Debes escanear con tu teléfono el código QR que tendrás a continuación y luego abrir el link para que entres a una página de mi web en donde estará alojado el vídeo. Tiene audio con explicación.

Luego, puede existir una distancia entre jugadores de la misma línea según las situaciones que plantean los rivales, de tal forma que se pueden aprovechar los espacios que se generan. Sé que es difícil profundizar en esta idea de forma escrita, pero es algo que vas a identificar rápidamente en muchos partidos después de entenderlo. Va relacionado con el análisis individual de jugadores porque a veces esas acciones las realizan unos jugadores puntuales en distintas situaciones y puede ser un buen momento de aprovecharlo. Luego lo verás.

- **Situación de presión más común de los equipos**. La mayoría de los equipos de fútbol amateur y fútbol base suelen realizar una presión muy intensa cuando el balón va hacia la banda, es decir, una vez que los equipos empiezan a dar un pase, imaginemos de central al otro central, intentan orientar con un delantero presionando a ese central que tiene el balón para que juegue hacia la banda con su lateral y que no vuelva a jugar con el otro central. A partir de allí, inician la presión de forma intensa al lateral con el objetivo de encerrarles en banda para intentar recuperar el balón lo antes posible.

Es un patrón muy común que la mayoría de los entrenadores trabajamos cuando el equipo rival tiene la posición de balón. Intentamos forzar que se jueguen un pase a banda para poder presionar y encerrarles, ya que el jugador de banda (lateral) va a tener menos espacio por su posición con respecto a la línea y pocas opciones para poder progresar, o en una situación de desventaja en la que tendría que golpear en largo o jugarse uno contra uno con el extremo que le presiona, pudiendo forzar una perdida.

Otro de los puntos importantes a considerar y que suelen hacer los laterales una vez que han recibido un pase en su banda y le presionan, es dar un pase de forma paralela a su extremo que está posicionado en una situación de desventaja porque tiene un rival muy cerca (lateral) que le condiciona. No tiene espacio para poder realizar una siguiente acción con comodidad si su defensor está muy cerca de él. Esos pases tienen un alto porcentaje de pérdidas por el poco tiempo y espacio que tiene ese jugador cuando recibe el balón, por su posición (de espaldas a la portería rival) y por la presión del rival.

Conclusión: la mayoría de los equipos buscan orientar la presión a banda, intentan presionar de forma intensa cuando el balón va hacia el lateral rival y a partir de allí buscan referenciar marcas cercanas, encerrándoles para intentar recuperar el balón lo más rápido posible. Y como son las presiones más comunes que hacen los entrenadores, tenemos que intentar prever estas situaciones para darles herramientas a los jugadores y evitar que ese balón a banda sea una posible pérdida. Para ello, debemos entrenar soluciones ante este tipo de situaciones, ya sea metiendo un jugador más en banda para generar superioridad o no llegar a banda al menos que sea necesario o el lateral tenga tiempo y espacio para progresar o decidir.

¿Quiénes son los jugadores que presionan en banda? El extremo. Normalmente el delantero es el que orienta al central para que se juegue un pase a banda y a partir de allí el extremo de ese lado va a presionar al lateral que recibe ese pase. El lateral defensivo referencia de cerca al extremo para evitar que pueda recibir el balón y girarse con comodidad, el delantero que ha orientado al central se queda pendiente para que no vuelvan a dar el pase con él, el otro delantero o un media punta se suele quedar con el mediocentro rival con el fin de que no jueguen pases interiores, y el extremo del lado contrario cierra hacia dentro por si juegan con el central contrario. Al equipo atacante, en la mayoría de los casos, no le queda de otra más que golpear y buscar un ataque directo, o jugarse situaciones individuales en desventaja.

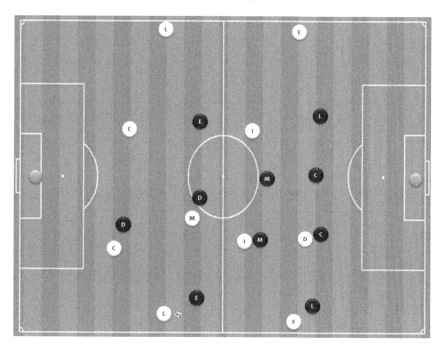

- **¿Cómo evitar las situaciones de presión más comunes?** Lo primero es considerar que el delantero normalmente va a ir a hacer una presión de «forma circular» intentando cerrar la línea de pase entre centrales para que éste no pueda volver a dar un pase con el central contrario y tenga que jugar un pase hacia la banda (como se ve en la foto anterior). Entonces, el objetivo debe ser atraer a ese delantero con un central, para luego dar un pase hacia el otro defensa central, ya sea con un tercer hombre, o de forma directa o a través del portero; de tal forma que el otro central tenga más tiempo y espacio después de haber superado la presión de ese jugador. A partir de allí, el central puede empezar a conducir para atraer a otro jugador.

Como hemos comentado anteriormente, la presión rival en banda suele hacerse por un extremo que defiende al lateral para encerrarle. Si hemos realizado una buena circulación de balón, hemos atraído al delantero y hemos jugado con el otro central que tiene más tiempo y espacio, éste puede empezar a conducir para atraer al extremo rival, fijando su atención, y dando un pase al lateral que estará en una posición de ventaja con respecto de su marca. El extremo ya no solo tiene que estar pendiente de su lateral, también tiene que estar atento del jugador que conduce el balón y no sabrá si ir a por él para evitar que siga avanzando o defender a su lateral.

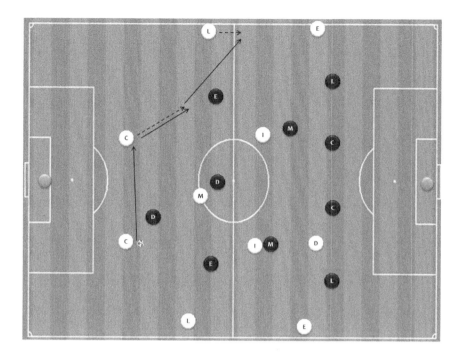

El lateral, que tiene más tiempo y espacio, puede recibir un pase que supere la línea de presión del extremo que le defendía, y a partir de allí generar una situación con más ventaja para una siguiente acción. Esa es una de las formas de evitar la presión rival en banda, evitando que nos encierren. Por supuesto, todo depende de tu equipo, de tu forma de jugar, de tus intenciones, de las debilidades rivales, etc.

La otra opción que te mencioné y que suele haber un alto porcentaje de pérdidas de balón, es evitar jugar el pase del lateral al extremo de forma paralela ante una presión rival en inicio porque el extremo suele estar en una posición de desventaja para generar una siguiente acción, salvo que tengas jugadores cerca y patrones entrenados para ello. Podemos intentar tener automatismo que permitan que haya jugadores que se desmarquen a la espalda de la línea defensiva y así atraer la atención de ciertos jugadores para que el extremo pueda tener más tiempo y espacio.

Puedes atraer al lateral rival con el extremo que baja unos metros a pedir el balón, como si fuese a recibir ese pase en paralelo (que queremos evitar), y otro jugador que se desmarque ese espacio que se genera a la espalda del lateral rival y tener una situación de uno contra uno con un defensa central. Este desmarque lo puede hacer un delantero o un interior. De esta forma podemos intentar llegar en situaciones que sean más comprometidas de defender por el rival. De esta situación se pueden sacar muchas acciones con nuestro equipo, es cuestión de plantearse las opciones según nuestros jugadores y los automatismos rivales. Lo vemos

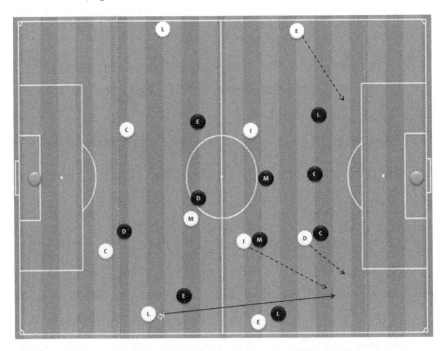

- **Analiza sus puntos débiles individuales**. Esto lo profundizaremos en el siguiente capítulo. Si un equipo rival nos presiona nuestra salida de balón de forma intensa cada una de las acciones, debemos detectar dónde están sus puntos débiles individuales para intentar progresar por allí. Ejemplos: cuál es el jugador de la línea defensiva que le cuesta defender el juego aéreo, así podemos golpear a ese sector y ubicar a nuestro jugador alto allí. Cuáles jugadores siguen a su marca por todo el campo, pudiendo generar espacios a su espalda.

Son muchas opciones a considerar. En el capítulo siguiente tendrás muchas herramientas que puedes considerar para explotar las virtudes de tu equipo, analizando sus debilidades individuales a través del vídeo o a través del análisis en directo.

2. Repliegue

Está enfocado en mantener el equipo junto en un sector del campo para impedir que el rival pueda progresar con facilidad. He separado el repliegue de la presión para distinguir ambos aspectos pero se pueden relacionar en muchas situaciones. De hecho, una presión puede darse desde el inicio de la jugada o también partiendo de una situación de repliegue

Es importante tener en cuenta que el repliegue defensivo no significa que el equipo renuncie a atacar, sino que busca evitar que el rival aproveche las posibles debilidades defensivas que pueda haber ya sea por la comparación de nivel entre los jugadores, por la forma de atacar del rival, o incluso por la estrategia del partido con el objetivo de aprovechar los puntos débiles del rival con contraataques. Es una estrategia importante a considerar para enfrentarnos a rivales que tienen mejor nivel que nuestro equipo y así mantener un equilibrio defensivo por tener cerca a los jugadores. El objetivo del repliegue es evitar que el rival aproveche los posibles espacios que se pueden generar si presionamos muy arriba y tener más ayudas defensivas en distintos sectores del campo.

¿Cuáles son los aspectos a considerar durante el análisis ante un equipo que se repliega? Los puntos se repetirán a la presión porque el enfoque es el mismo aunque los matices son diferentes por las distintas acciones. Analizar patrones, observar detalles, analizar los puntos débiles individuales ante esas situaciones; es similar a lo que has leído. Por lo tanto, no me extenderé mucho.

- **Observa los patrones y la formación.** Además de tener en cuenta lo mencionado en el punto de la presión, como la formación que tienen los jugadores en el campo para identificar los jugadores que podríamos tener libres y los patrones a realizar, debemos prestar atención a la zona del campo en donde el equipo rival se repliega. ¿Lo hace en su propio campo con pocos espacios a la espalda? ¿Lo hace en la mitad del campo con su equipo junto? ¿Hay espacios detrás de la línea defensiva para intentar realizar desmarques de ruptura? ¿Repliegan en ¾ de campo? Todo esto es parte del análisis básico paras saber cómo podrías atacar a esta línea replegada, donde podrían estar los espacios y cómo podrías plantear el partido con tus jugadores.

- **Observa la distancia entre línea y la distancia entre jugadores de la misma línea.** Es exactamente lo que te mencioné en el punto de la presión. ¿Cuál es la distancia que tienen en la distancia entre líneas en el momento que repliegan? Quizás haya poca distancia entre línea defensiva y la línea del medio, pero mucha distancia entre línea defensiva y portero, podríamos atacar los espacios. Hay equipos que repliegan de forma ordenada con pocos espacios interiores y están muy atentos a los balones a la espalda, pero la mayoría tiene puntos débiles que se puede explotar. Igualmente sucede con la distancia que pueda haber entre jugadores de la misma línea. Ejemplo, que el lateral contrario no bascule cerca del central y deje un espacio entre lateral y central.

Me ha sucedido muchas veces en categorías de fútbol amateur y en fútbol base. Los equipos hacen un repliegue en ¾ de campo pero dejan un gran espacio por detrás de la línea defensiva y no presionan al poseedor del balón. A los jugadores les puede costar identificar esto dentro del campo, pero nosotros lo podemos ver y aprovecharlo para generar una situación clara de gol. Simplemente con golpear un balón a la espalda de los defensas, después de girar al delantero y teniendo jugadores rápidos para ese desmarque, puedes acabar en mano a mano con el portero.

- **Analiza la presión después de replegar.** Aunque estamos hablando del repliegue, todos los equipos van a presionar en algún sector del campo para recuperar el balón, ya sea de forma pasiva (temporizar) o activa (buscando recuperar). Se repliegan para estar organizados y empezar una presión. Así que debemos considerar lo antes mencionado: ¿En qué zona del campo presionan? ¿Qué jugadores lo suelen hacer y cómo? ¿En qué situación se mantienen replegados y nos puede dejar tiempo y espacio para tomar decisiones? Etc.

- **Analiza los puntos débiles individuales.** Lo antes mencionado, si se repliegan, quizás podamos encontrar puntos débiles de ese estilo de forma individual y que podamos aprovechar circunstancias puntuales del partido en donde no podamos progresar con facilidad.

➤ TRANSICIÓN ATAQUE-DEFENSA RIVAL:

Esta última fase del juego se refiere a la situación en la que un equipo está atacando y pierde el balón, lo que hace que tengan que regresar a su posición defensiva lo más rápido posible para evitar que el equipo contrario progrese en el campo y generen un ataque de peligro, o también presionar para volver a recuperar el balón. Es una fase del juego que los entrenadores deben considerar muy importante ya que pueden quedar expuestos a un contraataque rápido del equipo contrario con gran ventaja para el rival.

Los equipos suelen tener patrones preestablecidos para reorganizarse defensivamente en el campo, como cerrar espacios en zonas clave del campo, presionar al jugador que tiene el balón y cubrir las posibles líneas de pase con los jugadores más cercanos. También puede haber jugadores específicos que se encarguen de ir a presionar hacia adelante en ciertos sectores del campo mientras que otros realizan un repliegue.

Un equipo rival, una vez pierde el balón, va a iniciar una situación de presión o de repliegue, o mixto; que es lo que la mayoría de los equipos hacen. No hay que ser un experto en el fútbol para transmitir este conocimiento a los jugadores, aunque la mayoría de los entrenadores no lo entrenan de forma organizada, sino que promueven la presión tras perdida y gritan desde el banquillo para que se haga sin ningún patrón entrenado. Los jugadores saben presionar al rival para evitar que jueguen, eso no es difícil de entender. Sin embargo, presionar mal puede ser un gran problema contra equipos de buen nivel.

Hay aspectos que quiero que consideres además de los factores lógicos del juego que te pueden dar un plus ante situaciones que recuperes el balón. No voy a hablar de aspectos lógicos como intentar dar un pase para salir de la presión rival, dar apoyos de jugadores cercanos a poseedor para darles opciones o golpear a los espacios para buscar una transición. Eso es el fútbol base general y se entiende, aunque si es cierto que pocos lo entrenan y deberías hacerlo. Voy a mencionar detalles más específicos que puedes analizar en el vídeo o en los partidos en directo y que te pueden dar un plus para el plan de partido.

- **Analiza el posicionamiento rival en su fase de ataque y los patrones.** Muchos equipos entrenan el «press tras perdida» en el momento que recuperan el balón, pero se olvidan de trabajar aspectos micros como la ocupación de los espacios y posibles coberturas según la forma de atacar. No es lo mismo atacar con una salida de cuatro jugadores en donde los laterales mantienen su posición sin subir mucho en ataque, que atacar subiendo a los laterales y pudiendo dejar espacios a la espalda.

Durante el análisis, observa si los laterales rivales suelen incorporarse en ataque y qué jugadores podrían hacer esa posible ayuda tras perder el balón. También la posición de los mediocentros y de los centrales, y cuáles son sus patrones en el momento que pierden el balón. Ese posicionamiento y esos patrones te ayudarán a detectar dónde están los espacios luego de que pierden el balón y qué jugadores podrías usar para atacar esos espacios.

Lo más común que sucede durante una transición es que los laterales están fuera de su posición y se generan espacios a su espalda. Es un patrón que se repite mucho y habría que pensar si poner a un delantero que lateralice hasta ese sector, o aprovechar una transición con el extremo sabiendo que puede ganarle en velocidad por su posición previa a la pérdida del balón.

- **Analiza los puntos débiles individuales.** Similar a todo lo mencionado. Una vez detectes los patrones del juego y su formación, podrás encontrar esos puntos débiles que te den ventaja. Por ejemplo: laterales que repliegan despacio dejando siempre mucho tiempo para iniciar una transición en su banda. Centrales que pueden salir de su zona para seguir a jugadores dejando mucho espacio a su espalda sin su lateral cerca y que se puede aprovechar con jugadores de segunda línea. Centrales que son lentos a los espacios y les cuesta defender hacia la banda, pudiendo llevar los ataque hacia ese sector del campo. Mediocentros que presionan, pero los centrales no siguen a por los delanteros, generando un espacio muy grande a jugadores por dentro, etc.

Son ideas y se pueden plantear muchísimas en función de cada jugador y según la forma de atacar rival. E incluso, debemos considerar qué jugadores nuestros pueden aprovechar esos sectores del campo según los aspectos individuales rivales que nos den ventaja.

- **La banda contraria suele estar muy desprotegida.** Un aspecto importante a considerar en la mayoría de los ataques que realizan los equipos de fútbol amateur o fútbol base es que los defensas laterales suelen estar en amplitud en el campo sin interpretar las acciones ante posibles pérdidas, descuidando su sector. Esto se puede aprovechar con el extremo contrario de la zona donde recuperemos el balón. ¿Por qué? **Porque cuando una jugada de fútbol se produce en un lateral del campo, los jugadores en general se mueven hacia ese sector y el lateral contrario muchas veces se queda en amplitud.** Además, el extremo del equipo que estaba defendiendo suele cerrar hacia el centro del campo para ayudar ante un balón por dentro, pudiendo tener una ventaja posicional si recuperan el balón.

Si lo tenemos en cuenta, podríamos pedir al extremo contrario de nuestro equipo que avance unos metros hacia el central ante posibles situaciones de recuperar el balón y tener una ventaja posicional con respecto a su defensor lateral. Además, los defensas centrales suelen bascular con la acción, por lo tanto el espacio en la banda contraria puede ser muy grande para aprovechar en velocidad. La desventaja es que, al estar el balón en el lado contrario del campo, si la transición no es muy rápida el lateral podría recuperar su posición en velocidad. Y si la transición es efectiva, se puede generar una superioridad importante con una gran opción de acabar en gol.

Observa este patrón que sucede en muchos partidos. Sé que podrías pensar: «pero si están atacando y hacen un cambio de orientación al lateral, el extremo que ha avanzado unos metros no llegará a defender al lateral rival». No hablo de que el extremo se quede descolgado con el central rival. Por inercia debe cerrar en la jugada para ayudar como extremo por dentro. Pero, si percibe que en la jugada puede haber una pérdida de balón rival, puede avanzar un par de metros para ganar la posición al lateral en amplitud. Si no se da esa pérdida, puede recuperar su posición y estar atento a su marca.

CAPÍTULO 5

El análisis individual: la clave de los detalles del juego

Esta es una de las cosas que más me gustan detectar y acaban siendo determinantes en el plan de partido: las debilidades y fortalezas de los jugadores; por eso me voy a extender en este capítulo. En el análisis global se pueden analizar patrones, conductas grupales, movimientos, estilos de juego, etc.; todo eso es importante. El detalle es que esas conductas pueden cambiarse y modificarse según las situaciones del partido o según lo que el entrenador haya trabajado en esa semana.

Lo explicaré con un ejemplo: si un rival suele tener la línea defensiva con la del mediocampo muy separada porque no suele haber comunicación y dejan distancia entre ellos, puedes aprovecharlo en dos o tres jugadas durante el partido. El entrenador rival puede notar esta situación y modificarlo rápidamente, impidiendo que se vuelvan a repetir las circunstancias que te estaban beneficiando. Por lo tanto, ese factor quizás no lo podrás aprovechar durante todo el partido.

Sin embargo, cuando se analiza aspectos micros del juego como es el caso del análisis individual de los jugadores, es más fácil conseguir detalles que pueden llegar a ser diferenciales y que son más difíciles de corregir. Esto sucede encontrando los puntos débiles individuales del rival, para luego planificar ciertas acciones que quieres realizar en el partido y atacar la debilidad individual que existe. A diferencia del aspecto global, el entrenador del equipo contrario podría cambiar al jugador que decidiste atacar sabiendo que podría fallar, pero si detectas más de una opción individual, no podrá cambiar a tantos jugadores de golpe durante el partido.

Es tan fácil como observar: ¿Cuál de todos los defensas de un equipo le cuesta más realizar duelos de cabeza porque no salta o porque no gana ninguna acción? Esto es el análisis individual, aunque de una forma básica. Podemos entrar en situaciones más complejas como: ¿Cuál es el perfil corporal de los laterales para defender 1vs1 contra los extremos rivales en las distintas zonas del campo? ¿Es mejor superarles por fuera o por dentro? ¿Cuál de los dos defensas centrales pierde su posición en situación de ataque combinativo siguiendo a otro jugador que está fuera de su zona? ¿Qué perfil tienen los jugadores defensivos en el momento que hay posibilidad de que el rival golpee un balón a la espalda de la línea defensiva? ¿Cuál de los delanteros presiona menos? ¿Cuál de los extremos les cuesta ayudar a defender? Quizás encontremos un punto débil allí.

Todos estos análisis individuales permiten identificar cuáles son los puntos débiles de un equipo de una forma más específica, permitiendo sacar provecho en algunas jugadas durante el partido, o para corregir detalles del equipo. Y aunque los patrones grupales son importantes para saber cómo desarrollar el plan de partido, el individual puede ser diferencial. Este análisis puede ser poco productivo cuando el entrenador rival no pone ciertos jugadores en el campo que tu contabas que iban a jugar, dañando tu plan de partido individual. Pero esto puede suceder también en el análisis global cuando cambian el sistema o la idea de juego.

Lo primero es entender el objetivo de este tipo de análisis. En el análisis táctico global se analiza cómo un equipo funciona y cómo se mueve dentro del campo, de forma conjunta. No se centra en el rendimiento individual de cada jugador, aunque obviamente se observa al mismo tiempo. Ahora bien, **si quieres encontrar patrones individuales debes prestar mucha atención a los movimientos, acciones y perfiles de los jugadores, olvidándote por momento del balón y de lo táctico.** Esto te ayudará a encontrar fallos importantes o situaciones que te pueden dar ventaja.

¿En qué deberías fijarte cuando analizas de forma individual un partido? Te daré algunos aspectos importantes que analizo con 2da RFEF y que suelen dar un plus para nuestro equipo en los partidos; tanto a nivel ofensivo como a nivel defensivo.

Cuando empezamos a analizar el fútbol desde lo individual, buscamos situaciones que nos puedan dar ventaja ofensiva en un partido. Lo más determinante en este objetivo está en observar la línea defensiva y el portero porque es lo que te puede acercar más rápido al gol si encuentras fallos individuales en esas posiciones. Es decir, es el punto más diferencial que podemos encontrar para nuestra fase de ataque. Ahora, ¿qué observar de ellos? Te mencionaré varios aspectos, e iré avanzando con las distintas posiciones.

➤ PORTEROS:

Quiero aclarar que no soy experto en las consideraciones que hay que tener para los porteros porque para eso hay especialistas que conocen esa área y que es muy diferente al de un jugador. Sin embargo, hay cosas que he aprendido de forma general de esos especialistas, y quiero darte una idea de algunos patrones para tener en consideración sobre ellos durante el análisis. No hablaré de cosas muy básicas como la capacidad de tirarse o blocaje, eso es algo lógico que debemos observar.

• **Dominio del juego aéreo**. Hay porteros que tiene poco dominio del juego aéreo y se puede observar durante muchas acciones de partidos, sobre todo en fútbol amateur y fútbol base, ya sea porque son pequeños o porque no salen de su zona por temor a fallar. Una forma de que tu equipo puede aprovechar esta debilidad es a través de centros laterales, preferiblemente hacia el área pequeña y entrando con varios jugadores. Esto pondrá en aprietos al portero y a su defensa, y puede acabar en ocasiones de gol.

Si el portero no domina el juego aéreo, es probable que su equipo se sienta inseguro en el área y es un aspecto que debemos considerar para aprovecharlo. Si encima el equipo rival se repliega porque es el estilo de juego defensivo que prefiere el entrenador, nos puede beneficiar para meter balones al área en posiciones más cómodas y con el objetivo de incorporar jugadores al remate para generar dudas en esas acciones.

- **Dudas para salir a cortar balones en posibles situaciones de anticipación.** A menudo, los porteros se mantienen cerca de su línea de portería en situaciones donde deberían estar unos metros afuera con el objetivo de correr e interceptar un posible ataque a la espalda de la línea defensiva antes de que llegue a un jugador rival. Esto puede suceder en situaciones en las que un balón largo es lanzado a la espalda de los defensas, o incluso cuando un defensor juega un pase atrás comprometido. Al no salir de la portería para interceptar el balón, se genera un espacio muy grande que puedes aprovechar con jugadores desmarcándose para quedarse mano a mano con el portero, lo que aumenta las posibilidades de que el balón termine en gol.

Si analizas al portero rival y observas que le cuesta estar fuera de la portería, y que los balones que van a la espalda de la línea defensiva siempre generan dudas e incertidumbres entre los centrales y ellos, quizás puedas aprovecharlo golpeando balones largos a la espalda de la línea defensiva y llegando con jugadores a esas zonas.

- **No estar bien posicionado en situaciones de juego o en acciones de faltas.** Cuando analizamos un vídeo, podemos observar como el portero rival puede que no esté bien posicionado en la portería, ya sea porque está más adelantado o mal ubicado. En los análisis de vídeo que hago para entrenadores y jugadores, muestro como muchos porteros en distintas categorías están mal ubicados sobre todo en faltas frontales o laterales, dejando una oportunidad para el lanzador. Si conocemos esta situación, es un plus adicional que nos puede dar puntos.

Nacho, jugador de 3era División en el CD Galapagar, un día hizo un gol de falta tirando al lado del portero vs el Villaviciosa de Odón en el minuto 31 solo porque le hice un análisis de cómo se posicionaba él portero en las faltas. Analicé que daba pasos al lado contrario de su posición antes de que el jugador tirara para intentar adivinar el golpeo, descuidando su palo. Sin duda alguna el gol fue por el gran golpeo que hizo, pero sucedió lo que esperábamos porque era un patrón claro. Al final del partido me agradeció y me dijo que no habría tirado allí si no se lo hubiese mostrado. Todo ayuda.

Sé que conoces los aspectos básicos del juego en cuanto al análisis del portero que también debes aprovechar y observar, como los bloqueos, si se lanza mejor a un lado que al otro, si es pequeño, etc. Éstos que te he mencionado, los considero importantes para sacar provecho en ataque con las debilidades adicionales a lo común que observamos de ellos.

➤ DEFENSAS CENTRALES:

- **Cuál de los defensas centrales es el más pequeño para buscarle en duelos de cabeza.** Eso no quiere decir que el jugador más pequeño vaya peor de cabeza, pero al tener baja estatura es una acción que se le podría dar peor. Si no logramos analizar muchas situaciones de duelos de cabeza en el partido o no logramos percibir ese análisis en una primera instancia, podríamos observar la estatura de ambos centrales y basarnos en esa idea básica para golpear en situaciones de presión.

- **Observa los duelos de cabeza e interpretación de las acciones.** Si además de ver la estatura, analizas cuál de los defensas falla en duelo de cabeza, tendrás la clave de a quien golpear en momentos de presión rival y sabrás a qué delantero poner con él. No solo debes observar si salta bien para cabecear o si es contundente en duelos, también debes analizar si mide bien el *timming* que debe hacer antes de saltar, ya sea corriendo hacia atrás o hacia adelante.

- **¿Cuál de los centrales es más lento en situaciones de velocidad?** Siguiendo con los puntos anteriores, después de analizar si van bien en duelos, analiza cuando de ellos es más lento corriendo hacia atrás con un balón que le supera. Es una información útil e importante cuando quieres golpear a la espalda de la línea defensiva y para saber que jugador vas a poner para que ataque la espalda de ese central lento. Este plus me ha dado muchos goles en los partidos. Aunque no profundizo en la idea porque es sentido común y estoy seguro que sabes de ello, no te olvides de observar eso en los partidos. Muchos entrenadores lo olvidan y no lo aprovechan.

- **Analiza si alguno de los defensas centrales sale de su zona para seguir a un jugador cercano.** Esto es un punto que he analizado mucho y que puede ser una gran ventaja en muchas situaciones. Si un delantero rival baja unos metros para recibir un balón, hay defensas que le siguen con mucho tiempo de antelación, otros que no le siguen y otros que esperan a que el balón vaya a ese jugador para ir a por él. Si le sigue con anticipación, puede generar un espacio muy grande a la espalda de ese defensa y podemos diseñar patrones para sacar a ese jugar de zona y golpear a su espalda aprovechando movimientos de desmarques del extremo u otro jugador. Lo ejemplifico en un vídeo explicativo:

También puede pasar lo contrario, que el defensa no salga de su zona defensiva, dejando un espacio grande entre su línea de medios y defensas, y eso podamos aprovecharlo para hacer que nuestros jugadores con más desequilibro reciban pases interiores y generar situaciones de ventaja. Este es un aspecto difícil de analizar porque habría que observar distintos partidos para ver si se repite muchas veces esta conducta o si fue una circunstancia aislada. Observarlo en directo es más complicado si intentas analizar otros aspectos del juego. Por vídeo es más fácil porque puedes repetir las acciones y centrarte en los aspectos según los momentos.

- **Los perfiles corporales ante situaciones de golpeo**. Otro aspecto a considerar son los perfiles que tienen los defensas centrales en el momento que hay probabilidad de golpeo rival. Es un detalle difícil de analizar pero según donde esté atacando el equipo rival y la posición de los defensas, es algo importante a considerar. A veces un jugador comete un error puntual en un partido y no debemos creer que siempre será así. Ahora, si lo repite muchas veces y es simplemente porque está mal perfilado porque no interpreta las situaciones correctamente, ya sabremos que es una situación diferencial.

En muchas oportunidades he analizado a rivales que presionan en ¾ de campo pero lo hacen con un equipo muy junto. Permiten que los centrales se pasen el balón y luego buscan presionar los pases interiores en donde es difícil progresar por haber poco espacio, o en banda con el fin de encerrar al equipo y que no pueda progresar con comodidad. Si analizamos cuál de los defensas se suele perfilar mal para correr: con los pies paralelos y sin prever un posible golpeo del rival, es un punto que podemos explotar intentando golpear a su espalda.

Es difícil explicar esta situación sin un vídeo que lo ejemplifique. Así que mejor te lo muestro con un vídeo nuevamente, escanea el código QR con tu teléfono para verlo. Recuerda, todos los vídeos tienen audio con su respectiva explicación:

- **Cómo defienden los centros laterales en área.** Un aspecto que muy pocos entrenadores tienen en consideración es la forma en la que defienden el área los defensas en situación de juego. La mayoría de los equipos no tienen entrenado estas situaciones porque es algo que el jugador suele hacer por intuición, ya sea cubriendo una zona en donde cree que pueda ir el balón, o ya sea referenciando a su rival pero cubriendo un sector, o incluso defendiendo al jugador muy cerca con el fin de evitar que este pueda rematar pero pudiendo dejar espacios una zona que pueda aprovechar otro.

Me parece una circunstancia importante a analizar porque en los partidos es probable que tengamos algunas situaciones de centro lateral y cuanta más información tengamos en este aspecto, más fácil será entrenar acciones que nos permita sacar ventaja de ello. Por ejemplo, los rivales que defienden los centros laterales de forma zonal dentro del área pequeña, y que no referencian al jugador, a lo mejor puedes entrenar centros laterales hacia atrás, al punto penalti, con el fin de aumentar la probabilidad de rematarlo por la forma en la que ellos lo defienden.

También puede ocurrir lo contrario, que marcan al hombre a los jugadores cercanos y le siguen a donde vayan. En ese caso, podríamos sacarles de zona con movimientos de los jugadores que ellos van a referenciar y ocupar las zonas libres con un extremo contrario o un jugador de segunda línea (mediocentro, interior) que aproveche el espacio que podemos generar después de arrastrar la marca.

- **Observa la distancia entre centrales**. Otro punto a considerar es la distancia que hay entre centrales en muchas situaciones defensivas del partido. Ya sea porque un central tenga la tendencia de quedarse cerca de su delantero y se olvida de bascular con su compañero, o porque el otro central hace una ayuda muy cercana de su lateral y deja mucha distancia entre ellos. Esto sucede también muy seguido y se puede aprovechar con jugadores interiores que realicen desmarques de rupturas a esos espacios que se generan, o cualquier otro jugador que lo pueda aprovechar. Ejemplo con su explicación:

- **¿A cuál central deberías presionar en salida de balón?** Ya lo mencioné en el capítulo anterior. No solo vamos a encontrar aspectos defensivos, también debemos analizar cuáles acciones realizan en ataque para identificar un punto débil o fuerte de los jugadores que nos permita recuperar el balón o prever un posible ataque. Como comenté antes, los centrales en equipos amateur y fútbol base suelen ser diestros, y esto permite orientar nuestra presión al central izquierdo con el fin que no pueda desplazar el balón con su pie dominante e intentemos recuperar con mayor facilidad.

Y si ambos centrales dominan la pierna del lado donde juegan, habría que analizar cuál de los dos suele cometer más errores, cuál se los dos golpea el balón más lejos (así evitar que éste pueda golpear con comodidad), cuál tiene mejor dominio de balón o cuál creemos que puede ser más fácil orientar en la presión para intentar recuperar. Es lógico, pero no solemos analizar este detalle. Son muchos aspectos del juego a tener en cuenta y este es otro más que nos puede dar un plus en su salida de balón o en el inicio de un ataque organizado.

➤ DEFENSAS LATERALES O CARRILEROS:

• **Cuál de los laterales les cuesta ganar en duelos de cabeza**. Ya lo mencionamos con los contrales, pero los laterales suelen fallar más en duelos de cabeza. Una característica común en los laterales es que suelen ser pequeños, rápidos y con tendencia a fallar en defensa. No todos, pero es algo que sucede en la mayoría de las categorías y en la mayoría de las ligas. Si hemos analizados a los centrales y van bien en duelos, a lo mejor podemos golpear a los laterales y ganar más disputas de cabeza contra ellos. Y créeme, lo he analizado en distintas categorías y ligas, a la mayoría de los laterales les cuesta dominar el juego aéreo.

Algunos equipos usan en una de las dos bandas jugadores reposicionados, es decir, defensas centrales que hacen de lateral. En este caso, podríamos notar que algún lateral gane muchos duelos de cabeza pero no suele subir a atacar porque su tendencia es más de defensor central. En ese caso, seguro que el otro lateral le costará más ganar ese duelo. En 2da RFEF es algo que suelo analizar con el fin de generar situaciones en campo rival en juego directo. Suelo encontrar puntos débiles en muchos laterales de todas las ligas. Es un patrón que se repite en la mayoría de los equipos por la estatura que suelen tener estos jugadores y por el perfil de jugador que suelen buscar los entrenadores: más ofensivo que defensivo.

- **Observa situaciones de 1vs1 defensivo.** Una vez ha recibido el balón un extremo del rival, ¿qué hace el lateral? Hay algunos que salen a presionar rápidamente, otros que temporizan demasiado, otros que presionan mal dejando mucho espacio interior o exterior, otros que tienen un mal perfil corporal para defender estas situaciones y suelen ser superados por el rival, etc. Podemos encontrar diferentes formas de defender en 1vs1 a jugadores, pero suelen haber patrones que se repiten constantemente y que, según las debilidades que tenga, podemos meter a un jugador con ciertas características en ese sector para intentar atacar sus puntos débiles.

Quisiera profundizar en esta idea escrita pero se hará muy larga para describirla. Mejor te explico en un vídeo algunos aspectos que se suelen dar en situaciones 1vs1 con los laterales y cómo lo podríamos analizar en el vídeo o durante la observación de un partido para intentar sacar ventaja en ataque. Recuerda que el audio tiene explicación.

- **En transiciones pueden dejar mucho espacio a sus espaldas**. Como los laterales son jugadores que les encanta atacar, suelen dejar espacio a sus espaldas en muchas jugadas en las que se habían incorporado al ataque y su equipo acaba perdiendo el balón. Puede pasar que algunos vuelvan a máxima velocidad y recuperen su posición antes de que el rival pueda aprovechar ese espacio, pero es difícil que lo hagan durante todo el partido. Normalmente en estos casos, son los defensas centrales los que suelen salir a hacer coberturas en banda en situaciones de transición.

Lo que observo normalmente en 2da RFEF y también mis estudiantes del curso de análisis, es que los equipos no trabajan bien estas ayudas en banda tras perder el balón en zonas de ataque y se genera mucho espacio que se podría aprovechar. ¿Cómo? Ya sea preparando a los extremos para correr en esa situación y generar una ventaja posicional con respecto a su defensor lateral, o metiendo a un delantero hacia la banda en el momento que tu equipo recupera el balón para sacar de zona a un central y generar más espacios interiores, o para generar espacios al otro delantero que se encuentra por dentro para que pueda recibir el balón y transitar con espacios.

- **Perfil corporal para defender balones a la espalda.** Al igual que los centrales, este es un aspecto a considerar de los laterales ya que nos permitiría realizar desmarques a la espalda de ellos con nuestros extremos y aprovechar la ventaja por el mal perfil ante situaciones como éstas.

Lo ideal sería sumar varias acciones individuales que puedas aprovechar en tu fase de ataque y darles herramientas a los jugadores para que lo tengan en consideración durante el partido. Por ejemplo, sacando de zona a un defensor central que suele seguir a su marca con nuestro delantero y luego aprovechando el mal perfil que puede tener el lateral para atacar su espalda con nuestro extremo.

- **Referencia de cerca a su extremo y posibilidad de atacar su espalda.** Va en conjunto con lo mencionado en el punto anterior. Los laterales tienden a estar cerca de su marca según la posición del balón, pero hay quienes se quedan referenciando muy cerca al rival sin bascular con la línea defensiva, o se acercan demasiado al extremo y permite facilidad de ganarle la espalda en velocidad. Esto ocurre por falta de concentración del jugador o por no entender su posicionamiento táctico ideal en su posición. Cuando ocurre en varias acciones durante tu análisis, debes considerarlo como importante para atacar la espalda del lateral en vez de dar un pase al pie al extremo.

- **Referencian muy lejos a su extremo.** Todo lo contrario al punto anterior. La distancia con la que algunos laterales defienden a su extremo, podría ser muy larga. Esto ocurre porque se centran en ayudar al central que tiene de referencia al delantero y permite que el extremo pueda recibir un balón al pie por la distancia que se ha generado. Si tenemos un extremo habilidoso en 1vs1 con buena capacidad de regate, podría ser una buena opción de meterle en esa banda para aprovechar ese momento.

- **Habilitan el fuera de juego.** Los líderes en la zaga defensiva son los defensas centrales. De hecho, los capitanes suelen estar en esas posiciones y son los que comunican y guían al equipo. En muchas situaciones, cuando un equipo defiende un centro lateral y logran despejar el balón, la defensa debe «sacar al equipo» para dejar en fuera de juego a los jugadores rivales lo antes posible ante otro balón al área. Cómo los líderes son los centrales y suelen dar la indicación de sacar al equipo, muchas veces los laterales no están bien posicionados y suelen tardar en salir. Por lo tanto, pueden acabar habilitando a jugadores que entran de 2da línea u o los que estaban cerca de los centrales.

Este es un aspecto menos importante pero sucede a menudo en muchos laterales, no es algo que solamos estar pendientes de detectar pero podría ayudarnos en muchos momentos. Si los jugadores ofensivos lo tienen en consideración, podrás generar situaciones claras de gol. Lo malo del fútbol base o fútbol amateur es que no suele haber linier que pueda estar atento a estos detalles. Por lo tanto, aunque un lateral le cuesta salir con la línea defensiva, muchas veces a los árbitros van a pitar fuera de juego por no percibir bien toda la acción. Sin embargo, a mi me ha dado goles con segundas jugadas después de un rechace.

- **Analiza sus acciones en ataque.** No hemos hablado de la fase ofensiva porque estábamos buscando puntos débiles defensivos a aprovechar. Los centrales no suelen participar demasiado en fase de ataque de su equipo, solo en ABP, pero los laterales si tienen mayor trascendencia en la fase ofensiva rival y debemos considerarlo para plantear el partido y saber cómo defender esas situaciones.

¿Qué cosas podríamos observar? Si son rápidos y suben en ataque, para intentar tener ayudas defensivas en esa zona. Si tienen buen centro lateral, podríamos intentar hablar con nuestros jugadores para defender su pierna hábil y dejarle más libre la pierna contraria de tal forma que el centro no lo haga con su pie dominante. Si son buenos regateadores, sabemos que debemos aguantarles y posiblemente tener ayudas cercanas. Si les cuesta regatear y cada vez que reciben el balón buscan el centro, quizás debamos presionarle rápidamente con el fin de que no le dé tiempo de meter centro lateral y que se deban jugar una situación de 1vs1 que podríamos defender mejor, etc.

No me extenderé en los detalles ofensivos porque es una situación similar a lo que podría hacer un extremo, y ya hablaré próximamente de esa posición. Las acciones ofensivas estoy seguro que las conocerás, pero todos los aspectos defensivos que he mencionado, muchos entrenadores no suelen detectarlo o estar pendientes durante el análisis. Son detalles o micro detalles que pueden llegar a ser diferencial en un partido.

➤ MEDIOCENTROS:

- **No seguir al jugador que marcan ni tenerles referenciados**. Uno de los errores más comunes que cometen los mediocentros en fase defensiva es no seguir al jugador que deben marcar, o perderles de referencia según la posición del balón. Están acostumbrados a centrarse más en ocupar un espacio en el campo que en referenciar a un posible receptor. Esto nos podría permitir encontrar espacios libres para progresar en el juego con jugadores ofensivos y crear oportunidades de gol, ya sea en transiciones rápidas o en ataque organizado. Si el mediocentro no vigila a su referencia de marca y acumulas jugadores a la espalda de ellos, puedes progresar en ataque con un pase interior y generar una situación de ventaja.

Durante el análisis tenemos que considerar cuál es el equipo que se está enfrentando a nuestro siguiente rival y que estilo de juego realiza, de esa forma saber si el partido puede ser similar al nuestro para dar importancia a esos patrones. Este aspecto de los mediocentros es difícil de distinguir en directo, pero se puede apreciar como algunos jugadores se van moviendo por el campo sin estar pendiente de todo lo que ocurre a su alrededor y defendiendo lo que perciben en su zona de visión, sin observar los posibles receptores a la espalda de ellos.

- **Pocas ayudas en área.** Los mediocentros son piezas claves en el fútbol moderno, ya que no solo se encargan de distribuir el balón en ataque, sino que también deben ayudar en la defensa del equipo. Y un aspecto que les cuesta interpretar es la defensa del área porque se centran la referencia del balón, en ayudar en banda y no en los posibles jugadores que entran a rematar; siendo responsabilidad de ellos.

Es común ver a mediocentros que se quedan parados en la frontal del área mirando el balón en situaciones de centro lateral o en acciones de transición, lo que permite aprovechar esos espacios con jugadores de segunda línea; mediocentros, interiores o incluso laterales o extremos que se metan por dentro ante un posible centro hacia el punto penalti.

Si observamos este patrón en varias situaciones rivales, en donde los mediocentros se mueven mucho a banda para ayudar en la fase defensiva dejando un espacio grande en la frontal, o que no entran a defender el área, podemos mostrar esto a los jugadores y dar matices que fomenten centros a esas zonas ocupándolo con jugadores.

- **Pocas ayudas en el juego directo.** Cuando analizo a los equipos de 2da RFEF, suelo observar el juego directo de la línea defensiva y al mismo tiempo las ayudas que suelen realizar los jugadores del medio. Hay veces que hay mucha distancia entre defensas y mediocentros de esos equipos, generando que, aunque ganen el duelo de cabeza, haya poca probabilidad de ganar la segunda jugada si su rival acumula jugadores cerca de la acción.

La mayoría de los mediocentros suelen estar mal posicionados por no percibir lo que sucede a su alrededor o por inercia; y más en el fútbol amateur o fútbol base. Algunos no saben ubicarse en el campo y suelen estar lejos de las ayudas con respecto a su línea defensiva, o replegar de manera desorganizada, perdiendo su posición, o simplemente no están atentos a su función, generando espacios para acumular jugadores ante una segunda jugada.

• **Neutralizar los jugadores que más participan con balón.** Como bien sabemos, los mediocentros suelen ser jugadores que tienen mucha calidad técnica y deben ser capaces de meter pases por dentro o de realizar distintos golpeos para progresar en el juego. Mientras analizamos a los rivales debemos identificar estos jugadores para saber a quién debemos referenciar más en fase defensiva y a quien debemos dejar más libre.

En el análisis global nos enfocamos más en el estilo de juego del equipo y podemos identificar patrones generales a defender. En el análisis individual detectaremos a los jugadores que más importancia tienen en el ataque del rival para evitar que reciban con comodidad durante nuestro partido, impidiendo que puedan generar situaciones de peligro con acciones individuales.

Por ejemplo, si tenemos dos delanteros en 1-4-4-2 y el rival juega 1-4-3-3 con un solo mediocentro que es muy bueno con balón, quizás preferimos que un delantero nuestro presione a los centrales y el otro se quede con el mediocentro rival para tapar posible línea de pase con éste. A veces es preferible dejar que los defensas tengan el balón sin que superen ninguna línea de pase ni generen situaciones de peligro, que dejar que participe el mejor jugador de ellos y que logre progresar en el juego. Es lógica, lo sé, pero para ello debemos percibirlo en el análisis.

- **Mediocentros ofensivos que llegan al área rival**. Uno de los aspectos más importantes de los mediocentros ofensivos es su capacidad de llegar al área rival y de crear oportunidades de gol. Esto lo realizan muchos equipos con un mediocentro que se incorpora al ataque con el fin de aumentar las probabilidades de gol sumando un jugador más. Estos jugadores suelen ser inteligentes para interpretar el juego y encontrar espacios libres en el área. A nivel defensivo son muy difíciles de defender por lo que te mencioné antes, nuestros mediocentros deben tener la capacidad de interpretar estas acciones y ayudar a la línea defensiva; y es difícil que lo hagan de manera espontánea.

Si los rivales que analizas incorporan interiores o mediocentros al área constantemente, es importante que entrenes la comunicación con tu equipo y que los jugadores defensivos y los mediocentros estén atentos a las incorporaciones de los rivales, anticipándose a sus movimientos en el área. Lo ideal sería que el mediocentro interprete estas acciones y ayude a la defensa de área, salvo que la línea defensiva no tenga referencia de marca y uno de ellos marque a ese jugador que se incorpora.

- **Si tienen buen golpeo del balón desde fuera del área.** Esto es más difícil de detectar, al menos que veamos un partido en donde algún mediocentro o interior haga un gol desde la frontal del área o más atrás. De esa forma sabrás que tiene buen golpeo y habrá que evitar que reciba en posiciones de ventaja en situaciones de golpeo.

Los mediocentros con buen golpeo desde fuera del área son una amenaza importante en ataque porque pueden acabar desatascando un partido que podría quedar sin goles. Es decir, pueden dar puntos importantes, ya sea por una falta frontal o por simplemente un gol de media distancia. No podemos dañar un planteamiento perfecto defensivo por una jugada aislada, o al menos lo debemos considerar para evitarlo en la medida de lo posible.

Estos jugadores pueden ser muy efectivos al realizar golpeos desde larga distancia, sorprendiendo al portero y acabando en gol. Por mucho que lo tengamos en cuenta es algo que es difícil de controlar. La idea es que si analizas a un equipo y observas que un mediocentro rival siempre que golpea de larga distancia lo hace con peligro, des el matiz para estar atentos de él en esas situaciones. Es algo que podrías considerar dentro del análisis y advertir a los porteros para que estén atentos sabiendo lo que puede suceder. De esa forma evitamos ser sorprendidos y les preparamos para intentar defenderlo.

No profundizaré en las ideas a considerar de los mediocentros porque son jugadores que participan mucho en el juego, de forma directa o indirecta, y habría que analizar demasiados aspectos que pueden ser importantes, aunque estos son patrones bastantes comunes y te pueden dar un plus en el planteamiento del partido. Por supuesto, también tendrías que analizar a los mediocentros de tu equipo y fijarte en las fases del juego. Te he mostrado otros puntos de vista que, normalmente, no nos centramos durante el análisis de los partidos y pueden ser importantes para aumentar las probabilidades de ganar.

Si me centrara en todos los micro aspectos del juego de todas las posiciones, sería un libro interminable. Quiero que te lleves los aspectos micros que son muy importantes y los puedas analizar a partir de ahora para que te den una ventaja en cada partido. **Entiendo que este tipo de tema sería más fácil explicarlo a través de vídeos, con seguimiento especializado y con explicaciones, pero al menos en un libro te puedo transmitir las ideas importantes que te pueden dar un plus, y a un bajo coste a comparación de las formaciones y asesorías.**

En mi Instagram **@alvarofutboles** podrás ver análisis y tips sobre mejoras individuales tácticas, consejos y herramientas para el entendimiento del juego. Ahí podrás sacar más información valiosa y de análisis desde un punto de vista práctico y ejemplificado. Y es totalmente gratis. Sigamos con el resto de posiciones.

➤ EXTREMOS:

- **Les gusta ir a presionar arriba pero les puede costar defender y ayudar a la línea defensiva.** Los extremos suelen ser jugadores que les cuesta adaptarse a la labor defensiva y cuando un lateral rival se incorpora en ataque, les cuesta ayudar a defender. Uno de los errores más comunes es que dejan mucho espacio entre la línea defensiva y ellos mismos, lo que facilita el juego del rival superando líneas de pases y complicando a la defensa que se puede encontrar en inferioridad de jugadores. Por lo tanto, en el análisis, observa cuál de los extremos defiende menos o sale a presionar muy arriba descuidando su referencia de marca. Esto te permitirá generar 2 vs 1 en banda una vez puedas encontrar un pase que supere a ese jugador.

Esto puede ser un punto positivo para aprovechar porque podemos forzar a que el extremo salga a presionar a un central y poder encontrar libre a nuestro lateral. Al mismo tiempo habrá que tener cuidado porque este tipo de acción permite que si el extremo rival logra interceptar el pase o cualquier otro pueda recuperar el balón, generen una situación de ventaja tras iniciar la transición. Así que, puede ser un punto muy positivo para intentar progresar en ataque a través de pases cortos y atraer rivales, o un punto negativo tras perder el balón si nos olvidamos de defender a ese jugador que se ha quedado cerca de nuestra línea defensiva.

Para sacar ventaja en un partido, se puede aprovechar este espacio que dejan estos jugadores buscando pases interiores con un extremo que se mete por dentro, o encontrando al lateral, en función del espacio que deje el extremo a la hora de presionar al central. Es decir, si el extremo presiona tapando un posible pase afuera, el central tendrá más facilidad de pasársela a un jugador que esté por dentro. Y si el extremo rival sale a presionar cerrando pases interiores, entonces se podrá encontrar al lateral con un pase diagonal.

- **Suelen ser buenos regateadores y veloces**. Es un aspecto importante que debes analizar de los rivales. Cuando te enfrentas a un equipo o vas a ver un partido, siempre notarás que los jugadores más desequilibrantes suelen ser los extremos. Los delanteros también cumplen una función importante en la fase de ataque rival, pero los extremos suelen tener una característica de habilidad y velocidad que dificulta defender las acciones de 1vs1. Además de los patrones globales, debes fijarte en estos detalles para ver como lo puede defender tu equipo.

Durante el análisis, observa los patrones de los extremos en fases de ataque. Hay jugadores que les gusta realizar regates por dentro y otros que prefieren irse a la línea de fondo en velocidad. **La mayoría de extremos tienen un patrón en donde realizan una acción en mayor porcentaje que otra**. En fútbol amateur y fútbol base suele ser un patrón constante. Por ejemplo, los extremos que juegan a pierna cambiada, casi siempre hacen un regate de afuera hacia adentro con el objetivo de estar mejor ubicado con su pie dominante. No significa que no lo puedan hacer por fuera, sino que su tendencia es esa y debemos saberlo para avisar a los jugadores.

Algunas ideas adicionales a considerar y mencionar a nuestros jugadores: si se tienen que enfrentar a extremos rápidos y regateadores una vez que haya recibido el balón al pie, deben mantener una ligera la distancia con respecto a él, que le permita temporizar la acción para que lleguen las ayudas y al mismo tiempo evitar ser superado sin posibilidad de reaccionar. Cuanto más le temporice, más ayudas podrá tener y menos espacio le habrá dejado para correr. Otra opción, obligarles a ir hacia el lado donde está su pierna no dominante para evitar que la progresión de la jugada sea positiva forzando una acción con su pie no dominante.

Este tipo de jugadores suelen ser muy atrevidos con balón, buscando la posibilidad de regate en todo momento. Debes trabajar las ayudas defensivas para intentar generar superioridad en defensa cuando sucedan estas acciones. El lateral (jugador que defenderá normalmente al extremo) debe intentar que no le supere su rival y aguantar las fintas para dar tiempo de que lleguen las ayudas. Por eso, debemos pedir a los extremos de nuestro equipo o un mediocentro que ayude ante esas situaciones. La idea es evitar que progrese y se genere una jugada de peligro.

- **Analiza si realizan muchos desmarques de ruptura y que tipo de jugadores lo suelen hacer.** Esto tiene que ver también con el análisis colectivo en donde un equipo suele ser muy vertical con sus pases, buscando la profundidad con sus delanteros o con los extremos. Normalmente lo hacen cuando tienen jugadores con una gran velocidad por banda y son difíciles de defender una vez el balón supera la línea defensiva. Si este patrón se da constantemente, observa cuál de los extremos puede aprovechar esta circunstancia por su velocidad y sus movimientos.

¿Cómo podríamos defender estas situaciones si las observamos? Una opción es tener a tus laterales bien preparados para cubrir sus espaldas ante posible golpeo largo o transición, evitando que les superen en el desmarque. Es mejor tener al lateral cerrado preparado para correr y dejar al extremo sin una marca cerca para que reciba el balón al pie, que estar muy cerca de él porque nos puede superar en velocidad con un desmarque; acabando en una situación clara de gol. También, puedes trabajar con tus centrales para que estén atentos a estas situaciones y puedan salir a cerrar esos espacios en caso de que los laterales no lleguen a tiempo o sean superados.

Otra opción es presionar la salida del balón del equipo rival intentando que no progresen con comodidad, lo que dificultará la posibilidad de que el golpeo supere nuestra línea defensiva; salvo que tengan un jugador que golpeen muy lejos. Y si superan la presión que realizamos, pedirles a tus defensores que den pasos atrás y no se planten, previendo un posible golpeo y ganándole la posición a los rivales. Puedes trabajar en la organización de tus jugadores en el campo para minimizar los espacios que los extremos rivales puedan aprovechar.

Cuando me enfrento contra rivales que son rápidos y al mismo tiempo son buenos con balón, prefiero estar replegado y no dejar muchos espacios a la espalda de la línea defensiva. De esa manera limito al equipo rival a generar ocasiones con menos tiempo y espacio. Cuando un equipo es muy superior al nuestro y encima tienen jugadores rápidos en ataque, lo ideal es dejarle poco espacio entre el portero y la línea defensiva, aunque eso suponga defender mucho tiempo. Por supuesto, habría que analizar contextos, situaciones y jugadores antes de plantear un repliegue.

- **Extremos hábiles que se meten por dentro**. Otra de las cosas que puedes observar y que son importantes en esta posición, es el jugador que tiene tendencia a meterse por dentro como interior, generando dudas entre la línea defensiva y la línea de medios para recibir pases a la espalda de los mediocentros rivales y progresar en ataque. Este tipo de jugador suele ser muy técnico, con buen regate, pero sobre todo buena capacidad de moverse a la espalda del rival. Este es un aspecto necesario a considerar, sobre todo cuando defiendes en bloque medio o bloque bajo, donde los rivales incorporan a los laterales en ataque y los extremos se meten por dentro para recibir a espalda de los mediocentros.

Aunque estos patrones los analizamos en el juego colectivo rival, lo que tenemos que identificar es ese jugador que además de ser habilidoso con balón, nos puede complicar porque tiene libertad de movimiento. Es difícil defender a un extremo que se ha metido por dentro y está moviéndose al lado contrario de su posición. Muchos equipos lo hacen para generar superioridad en un lado, aunque eso podría generarles problemas defensivos una vez pierden el balón.

Si piensas replegar o si observas que hay un extremo rival que tiene esta libertad de moverse en el campo, debes trabajar la comunicación entre tu línea de medios y la línea defensiva para saber cuándo pueden ir a referenciarle para que no reciba el balón con tiempo y espacio, sin correr peligro con balones a la espalda, o para intentar cerrar los pases interiores. También analizar si es diestro o zurdo, si se perfila para girar o juega de cara, si tiene buena conducción o si no genera mucho después de recibir, etc.

Existen más puntos a analizar de un extremo: la capacidad de golpear de afuera del área, el pie dominante, el perfil para realizar regates, si van bien en duelos de cabeza, si busca la peinada de sus jugadores o si simplemente juega como un tercer delantero, si entra al área constantemente o prefiere esperar en amplitud, etc. Hay más factores a considerar con muchas opciones para contrarrestar, pero eres entrenador y mucho de eso lo sabes. Te he mencionado los aspectos que considero más importantes para un análisis diferencial. A partir de aquí, **analiza detalles que crees que puedan servirte de apoyo para el plan de partido según tu forma de jugar y los jugadores que puedas tener en el campo.**

➤ DELANTEROS Y MEDIA PUNTA:

* **Buen juego aéreo, duelo de cabeza o control del balón.** El primer aspecto a observar en el análisis de esta posición está en identificar cuál de los atacantes en estas posiciones es alto y tiene un buen juego aéreo o le buscan siempre en los golpeos de balón en largo; ya sea para que peine el balón o para que se las quede controlándolo con el pecho. Este tipo de delantero suele ser alto, fuerte y con una gran capacidad de usar su cuerpo para ganar la posición al defensor

rival. Es fácil identificarlo porque muchos equipos golpean el balón desde el saque de puerta, faltas o en cualquier situación de ataque directo, buscando a este jugador de referencia.

Si existe este delantero en el análisis que realizas del rival y observas que hay tres, cuatro, cinco patrones en donde todos los golpeos le buscan a él y el resto de los jugadores le rodean o se desmarcan a la espalda, debes pensar en cómo contrarrestarlo. Cuando notas esa situación, intenta percibir de qué forma se le puede ganar en el juego aéreo a ese jugador o qué debe hacer tu equipo ante esa situación con las características de tus jugadores.

Lo común es que el delantero se acerque al jugador defensivo más pequeño de tu equipo con el fin de ganarle el duelo aéreo más fácil. Lo más difícil de defender es cuando el delantero se va con un lateral de nuestro equipo, de esta manera el lateral suele disputar el duelo de cabeza con el delantero, descuidando su banda y dejando al extremo solo. En estos casos debe haber comunicación y coordinación para que algún mediocentro dispute con el delantero o que lo haga un defensor central pero con otro jugador cubriendo su posición. Otra opción es decirle al lateral que no dispute que él, sino que esté cerca y luego de pasos hacia atrás para cubrir a su extremo en la segunda jugada sabiendo que posiblemente no le gane de cabeza. No es fácil.

Si el delantero en vez de peinar el balón, le gusta controlarlo con el pecho y bajarlo al pie, entonces necesitamos tener ayudas cercanas de los medios o extremos para evitar que lo pueda dominar con comodidad y progresar en el ataque. Habría que analizar a tus jugadores y ver qué acciones podemos desarrollar porque son muchas opciones que se pueden dar. Con mis estudiantes del curso sacamos hasta seis alternativas diferentes de una misma situación puntual y cada uno lo argumenta con un criterio según el tipo de jugadores que pueden tener. Esa es la reflexión que debes hacer para tener herramientas y soluciones no solo en esa jugada sino de cara al futuro.

Este tipo de delantero suele atacar muy bien el área en centros laterales con intenciones de cabecear el balón, siendo difícil de defender; al menos que tengamos centrales altos y contundentes en juego aéreo. Debemos analizar si el rival mete muchos centros laterales en sus partidos para aprovechar la estatura de este jugador en el juego aéreo. En ese caso, debemos realizar un plan de partido en donde evitemos lo máximo posible los centros laterales entrenando las referencias de marcas cercanas en banda, y practicando la defensa de centro lateral con ayudas de mediocentros.

- **Delantero que se mueve a espalda de los mediocentros para recibir el balón como un media punta.** Es un aspecto que puede a ser diferencial e importante a observar porque es muy difícil de defender esta situación. Es el típico delantero que baja a recibir unos metros y que además tiene buena conducción cuando recibe. Lo normal en estos casos es que el defensor central le siga, pero sabemos que esto puede generar también otros problemas si otro jugador se desmarca al espacio una vez el central ha salido de su zona.

Hay jugadores que hacen estos movimientos por inercia y no están entrenados, y hay otros equipos que si lo entrenan para generar superior por dentro, o atacar los espacios si un defensa decide salir. Una vez que el delantero rival baja a recibir un balón o se queda en esa posición, el defensor debe decidir si ir a por él o quedarse en su posición, e incluso estar en intermedias de manera que pueda corregir su posición. Darte un único criterio a realizar en esta situación no lo veo lógico porque ya tendríamos que analizar muchas circunstancias de la misma jugada.

Si el rival tiene dos delanteros o uno, influye en si debe salir un defensor central a seguir al delantero o no. No queremos dejar a nuestro central con otro rival en 1vs1, al menos no sería lo recomendable en muchos casos. Quizás, si hay un solo delantero, puede seguirle un central y el otro quedarse haciendo posibles ayudas y coberturas al resto de jugadores. Habría que analizar si al bajar el delantero los extremos rivales se desmarcan o no, puede que prefieras que jueguen con el delantero que ha bajado antes de que te ataquen las espaldas porque son rápidos los extremos, por ejemplo. Todo influye y varía en función los patrones que tengan y hagan.

Si decides que los centrales no sigan a los delanteros que bajan, los mediocentros deben estar pendientes de esas situaciones por si deben cerrar pases interiores. Tendría que haber mucha comunicación entre línea defensiva y línea de medios para evitar que puedan progresar con comodidad. Es la opción más cómoda para no hacer salir a los defensores centrales, pero puede ser muy complicado si el rival acumula mucha gente en ese sector y dominan muchos aspectos del juego combinativo. Tendrías que analizar más acciones y más jugadores rivales para sacar conclusiones.

- **Rápido con buen desmarque a la espalda.** Un aspecto similar a lo mencionado con los extremos. Si el rival tiene este tipo de delantero rápido con buen movimiento a los espacios, habría que estar atentos a los golpeos rivales para que la línea defensiva de pasos hacia atrás con anticipación y evitar que llegue antes que nosotros. Comparte los mismos criterios que el extremo rápido que se desmarca así que no profundizo mucho en él.

Si es rápido y se desmarca muy bien al espacio, lo más probable es que sea pequeño y no vaya tan bien en duelos aéreos. Los balones que más debemos tener cuidado son los que van a la espalda de la línea defensiva, por lo tanto, debemos dar pasos atrás con anticipación con el fin de que ese balón no supere a los defensas y pueda haber una disputa de cabeza ante un delantero más pequeño (si este fuese el caso). También tenemos las opciones de repliegue para evitar espacios a la espalda y todo lo antes mencionado.

- **Tipo de presión defensiva.** Hay delanteros que presionan muy rápido la salida de balón o los inicios de ataque, otros que presionan una vez y luego dejan de presionar. Lo que si debemos analizar es si presionan tapando línea de pase o si presionan de manera frontal permitiendo girar con el otro defensor. Aquí pueden haber muchos detalles a considerar y a planificar en función de lo que hace el rival y de nuestro estilo de juego. Si juegas combinativo, es un aspecto que debes detallar.

Hablando en el aspecto individual, quizás puedas analizar qué tipo de presión hace ese primer jugador, y si es fácil superarle con pases cortos o con conducción porque a lo mejor es perezoso para correr, o si puede condicionar nuestra salida de balón y pensar en cómo podemos superarle en ese inicio de ataque. Si tienes en cuenta esta situación, puedes planificar mejor lo que quieras hacer ante esa presión del delantero y entrenar distintas ideas para contrarrestarlo o aprovecharlo.

- **Pie dominante para posibles golpeos, conducciones o regates**. Aunque es lógico en todos los jugadores, debemos analizar cuál es la pierna dominante del delantero. De los extremos es fácil de identificar por la forma en la que suelen realizar sus gestos, pero los delanteros suele costar más porque no participan mucho con el balón hasta que le vemos algún remate o alguna jugada aislada. El pie que domina es fundamental tenerlo en cuenta para limitarle en ciertas acciones y minimizar la probabilidad de éxito de sus jugadas.

- **De un delantero también debemos analizar los siguientes aspectos**: si tiene buen juego de espalda a la portería, si tiene buen golpeo de lejos o de cerca, si le gusta más golpear a portería con colocación o tirar fuerte desde cualquier distancia, si tiene buen cambio de ritmo cuando conduce el balón o si tiene buen regate con fintas (como los extremos), etc. Igual a lo que mencioné con los extremos, es difícil describir cada una de las situaciones porque deben ir condicionadas a más aspectos y que tu como entrenador conoces muchas cosas. Sin embargo, los detalles que te mencioné sé que pueden ser diferenciales en tu plan de partido.

Hay más aspectos que se pueden observar en cada posición, pero de forma escrita es más difícil expresar todo lo que puede suceder en un partido. El otro día uno de mis estudiantes me dijo: «al principio me costaba ver tantos patrones seguidos y ahora detecto hasta el tiempo de reacción de los jugadores ante situaciones defensivas que me permiten sacar ventaja con mis jugadores». Cuando lo ven con vídeos y analizamos los detalles de cada jugador por posición, encontramos muchos patrones o muchas acciones adicionales porque todos los jugadores muestran automatismos diferentes ante distintas circunstancias.

Aun así, creo que los puntos quedan claros en cuanto al enfoque que debes de tener en el análisis de jugadores rivales. Entiendo que son muchos aspectos micros y es difícil estar pendiente de todo, sobre todo al principio, pero estas ideas te sirven para ir detectando estás situaciones en los partidos que analizas y empieces a trabajar en ello para sacar ventaja en tus partidos. A medida que practiques, y sobre todo, **aprendas, pienses y analices cuáles aspectos te pueden dar más ventaja para cada posición, tendrás los suficientes recursos para intentar conseguir acciones de gol en cualquier categoría.**

Recuerda, todos estos aspectos son importantes pero tus jugadores no pueden recibir tanta información porque no se van a recordar y no será productivo. Sintetiza la información que vas a dar y asegúrate que pueda suceder en el partido. **Lo que tienes que hacer es encontrar una**

acción importante y observar si ese patrón se repite más veces para intentar aprovecharlo. Lo ideal sería encontrar al menos dos jugadas similares de la misma acción, ya que si solo se da una vez en el partido, quizás sea algo aislado y no un patrón que puedas sacar provecho. Ahora, si consigues tres, cuadro, cinco o más jugadas similares, estarás seguro que es un punto débil que debes intentar explotar o fuerte a contrarrestar.

IMPORTANTE: en este punto hemos hablado de cómo podríamos analizar los puntos débiles y fuertes del rival de forma individual. Sin embargo, **debemos hacer lo mismo con nuestros partidos para corregir los puntos débiles de nuestros jugadores en el aspecto individual y los puntos fuertes a potenciar.** Hay errores que son difíciles de corregir en los entrenamientos o que requiere de un proceso lento de desarrollo: la concentración, la percepción de una situación o la interpretación del juego. Lo que si podemos corregir y ayudar a nuestros jugadores a través del vídeo individual es el aspecto táctico del juego y explotar las virtudes que tienen en las situaciones de partidos.

CAPÍTULO 6

La otra clave del fútbol: Análisis de las Acciones a Balón Parado (ABP)

Las acciones a balón parado (ABP) son una parte fundamental del juego, y muchas veces se convierten en la diferencia entre ganar o perder un partido. Algunos entrenadores de fútbol amateur y fútbol base dedican algo de tiempo a entrenar con sus equipos los córneres y algunas pocas jugadas de faltas, pero la mayoría no lo trabaja ni en ataque ni en defensa. Si supieran la importancia que puede tener en el resultado, lo entrenarían más veces. Si lo enfocamos en el análisis del rival, es importante que como entrenador dediques tiempo en analizar las ABP en detalle para evitar que acaben en gol, y en observar sus puntos débiles para generar ocasiones.

Según diferentes estudios, aproximadamente entre el 30% y 40% de los goles en el fútbol profesional se marcan a través de jugadas a balón parado, ya sea en tiros libres, saques de esquina, saque de banda o penales. ¿Qué te parece esta estadística? La mayoría de los entrenadores no reflexionamos en esta idea. **Si más de una tercera parte de los goles se marcan en balón parado, ¿por qué no entrenamos esto con nuestro equipo?** Quizás porque sea aburrido para nuestros jugadores, o es aburrido entrenarlo para nosotros; pero ya ves la importancia que puede tener en el resultado del partido.

En la temporada que ascendimos a 3era División con el equipo CD Galapagar hicimos aproximadamente el 55% de los goles a balón parado. Obviamente, la mayoría de las acciones a balón parado se generaban por nuestro estilo de juego que permitía atraer al rival, encontrar hombres libres y generar situaciones de ventaja para los atacantes que luego acababan en córner, faltas, saques de banda en campo contrario o penaltis. Por eso, es una situación muy importante a considerar. Es cierto que nuestro campo era uno de los más pequeños de la liga, eso generaba más situaciones de faltas, córner, saque de banda. Aunque, también tuvimos goles por hacer saques de banda con estrategias y no era en nuestro campo. Te lo muestro.

Conclusión: trabajar estas situaciones con tu equipo puede ser la clave para aumentar las probabilidades de conseguir victorias.

Al analizar las acciones a balón parado, es importante tener en cuenta diferentes aspectos. En primer lugar, es fundamental estudiar las fortalezas y debilidades de nuestro equipo en estas situaciones. Es decir, **identificar cuáles son las jugadas que mejor se adaptan a las características de los jugadores que tenemos, y analizar ciertos aspectos para ser más efectivos**. Tanto en ataque como en defensa.

Por otro lado, es importante analizar las acciones a balón parado del equipo rival. Muchos entrenadores no lo trabajan en el fútbol amateur ni en el fútbol base, pero otros si lo hacen y nos pueden sorprender. Conocer las fortalezas y debilidades de los rivales en estas situaciones permitirá adaptar la estrategia de defensa y prepararnos mejor para contrarrestar sus ataques. Es difícil analizar detalladamente las ABP observando el partido en directo, aunque pequeños matices te pueden servir de referencia si lo identificas. Yo suelo analizarlas en vídeo y repito las jugadas varias veces para identificar la situación clara, eso sería lo ideal.

En cuanto a la planificación del entrenamiento, es importante dedicar tiempo específico a trabajar las acciones a balón parado. Mi recomendación es hacerlo el último día de entrenamiento de la semana, ¿por qué? Es un momento para enseñar las jugadas y las puedan recordar con mayor facilidad para el partido, y al mismo tiempo es un día en donde no suele haber mucha carga física previo al partido. ¿Podría ser otro día? Si, cuando quieras. No hay un día específico para hacerlo, solo recuerda que suelen ser situaciones analíticas, con poco nivel de activación y el jugador se suele distraer. Cuanto más lejos del partido lo hagas, más dificultad de recordarlo el fin de semana.

Mencionaré y profundizaré algunas ideas que debes considerar durante el análisis de las ABP, tanto de los equipos rivales cómo del tuyo propio. Incluso, te diré cuales suelen ser los fallos principales que se comenten en fútbol amateur o en el fútbol base, y cómo podríamos considerarlo para enseñarles a nuestros jugadores.

1. Saques de Esquina

Empecemos por las acciones rivales de saque de esquina que debemos observar, tanto en directo como con la grabación de vídeo. Son las primeras situaciones que queremos analizar del rival en cuanto a las acciones a balón parado y que adquieren mucha importancia porque es lo que más tienen en consideración los entrenadores.

Partimos de un patrón general de los equipos de fútbol amateur o fútbol base: la mayoría suelen atacar el córner con seis jugadores que entran al remate, más un jugador que se queda en la frontal y dos jugadores que se quedan en la mitad del campo defendiendo; más el sacador. Si el rival deja dos delanteros en ataque, dejarían un jugador adicional y entrarían con cinco al remate. A partir de esta idea, podemos encontrarnos diferentes variantes a analizar de algunos equipos que trabajan las situaciones de saque de esquina y que debes considerar para contrarrestarles.

- **Jugador de referencia que suelen buscar para rematar de cabeza**. Todos los equipos tienen un jugador de referencia a quien normalmente suelen buscar en los córneres, ya sea porque es el jugador que mejor remata de cabeza o es el mejor que ataca el área.

Tenemos que analizar esto de los rivales por si tienen un patrón constante a este tipo de jugador para ponerle un defensor que vaya bien de cabeza y que sea capaz de jugar ese duelo contra él. Normalmente, este tipo de jugadores que rematan bien de cabeza suelen ser defensores centrales, fuertes y contundentes en el juego aéreo.

Si observamos que en los primeros córneres buscan siempre a un jugador en específico, es aconsejable asignar una marca fija aunque estemos en fútbol amateur o fútbol base, intentando contrarrestar esta virtud. No podemos permitir que le defienda un jugador pequeño de nuestro equipo porque posiblemente pueda acabar en gol. También, podemos poner jugadores en ciertas zonas del área para que no puedan rematar en zonas de peligro. Esto lo mencionaré más adelante.

En resumen: el objetivo es analizar y observar en uno, dos o tres córneres a qué jugador suelen buscar para rematar o la zona que buscan ese remate y qué jugadores van a esa zona. A partir de allí, asignar una marca específica a ese jugador o jugadores para intentar defender de manera eficaz ese duelo si el balón llega ir a ese sector.

- **Posibles bloqueos rivales**. Este es un aspecto muy importante a considerar porque los equipos no suelen trabajarlo. Los que sí lo hacen, generan una gran ventaja con respecto a sus rivales en los partidos. El significado de bloqueo, para explicarlo de una forma fácil, es el momento en el que un jugador de un equipo se mete en la carrera de un jugador rival, es decir, interfiere en la carrera de un jugador rival que está marcando a un compañero suyo. Su objetivo es impedir que el defensor pueda seguir a su marca con comodidad, permitiendo que su compañero pueda entrar solo al área para rematar.

Este tipo de acciones son muy comunes en el fútbol semi profesional y profesional. En el fútbol amateur se está viendo cada vez más y lo que busca es que un jugador llegue a la zona de remate con más tiempo y espacio para poder cabecear el balón sin la incomodidad de un jugador. Por lo tanto, hay que estar muy atentos porque estos posibles bloqueos pueden impedir defender bien el área.

Durante el análisis, intenta observar si hay bloqueos al jugador de referencia que suelen buscar en el córner para plantear ideas a esa situación. Cuando estamos analizando un partido de fútbol en directo, es más complicado detallar los bloqueos con tantos jugadores cerca. Cuando lo vemos en un vídeo, es más fácil de analizar los aspectos porque podemos repetir las acciones y observar con detenimiento. A partir de allí, debemos tener herramientas para intentar contrarrestar esta situación, ya sea con un cambio de marcas para evitar que ese jugador pueda entrar con facilidad a zona de peligro, podemos hacerle un bloqueo defensivo también a ese jugador que sabemos que van a buscarle para que incomodemos su carrera, podemos defender en zonas, etc.

El bloqueo es realmente efectivo para situaciones de córner o faltas. Debemos minimizar las oportunidades de los rivales que realizan bien estas situaciones. Y por supuesto, también lo debemos usar a nuestro favor durante nuestras acciones de balón parado ofensivas. Durante el libro he enfocado los análisis en el rival, pero también debemos trabajar todos los aspectos para potenciar a nuestro equipo en ataque.

- **Jugadas elaboradas**. Muy atento a las jugadas elaboradas. Ya sea con pases cortos a jugadores que se acercan al sacador corriendo desde el área para hacer un 2vs1 ó 3vs2 y generar superioridad para acabar con un centro lateral, o jugadas con centros a ras del suelo para rematar con el pie, o centros al segundo palo que se cabecean para buscar una segunda acción, etc. Si tus próximos rivales lo realizan en un partido que les estás analizando, hay una alta probabilidad de que contigo hagan unas jugadas elaboradas diferentes o incluso repetir alguna si no saben que les estás observando.

Lo más difícil de defender es cuando hay una segunda jugadas en una acción a balón parado. Los jugadores suelen perder una referencia de marca ante las segundas jugadas o en acciones elaboradas por centrarse en lo que sucede donde está el balón, olvidándose marcar a su jugador durante toda la acción. Esto se debe corregir en fase defensiva para evitar sorpresas, o trabajar para aprovecharlo.

Es importante considerar que se pueden liberar jugadores en esa segunda acción durante una jugada elaborada, y hay que pedirles a nuestros jugadores que mantengan la atención del balón y de su referencia de marca. Es cierto que los rivales no suelen repetir las mismas jugadas de estrategias de un partido a otro, así que el objetivo es analizar un par de jugadas de ellos, ver si realizan alguna diferente a lo tradicional, y si lo hacen, significa que pueden tener jugadas elaboradas en tu partido y debes alertar a tus jugadores a estas situaciones.

- **Entran al área en velocidad o esperan en la zona de remate.** Debemos analizar durante el vídeo o en un partido en directo si los jugadores rivales entran al área en velocidad o esperan en una zona dentro del área para rematar. Ya hemos hablado de los posibles bloqueos que se pueden realizar, pero si corren en velocidad desde la frontal del área hasta el área pequeña del portero, suele ser difícil de defender si nuestros jugadores no siguen el movimiento y el timming al mismo ritmo que el rival.

Si entran al área en velocidad, nuestros jugadores tienen que saber que no pueden referenciales de cerca porque el jugador cuando empieza la carrera posiblemente gane una ventaja en esa reacción. Por ende, deberán estar muy concentrados, con una posición en ventaja en el área con respecto a su rival e impedir que corra con facilidad. Como es difícil defender jugadores que entran en velocidad, podríamos tener algún jugador en zona para evitar que nos rematen en zonas específicas que sabemos que son muy peligrosas.

- **Defiende con algunos jugadores en zona.** Como he mencionado, poner jugadores en zona nos permite que tengamos facilidad de rechazar algunos balones que puedan ir a sectores que identificamos como peligrosos, o donde suelen entrar jugadores al remate. El resto de jugadores podrían defender al hombre, impidiéndoles que puedan llegar con comodidad y facilitando el despeje de nuestros jugadores en zona.

Los jugadores que están en zona se encargan de moverse un radio cercano con el objetivo de cubrir distintos sectores de remate; según donde vaya el balón. El resto de jugadores se deben encargar de su respectiva marca. Como he comentado al principio, los rivales suelen entrar a rematar con seis jugadores al área, dos jugadores se quedan atrás, y uno en la frontal del área. Mi recomendación es que, si vas a tener dos o tres jugadores en zona para cubrir los sitios más peligrosos, defiendas con los diez jugadores en el área, dificultando la posibilidad de remate. Si tenemos tres en zona y siete marcando, podríamos defender hasta el de la frontal. Los equipos suelen dejar dos jugadores atrás aunque no tengan referencia de marca.

Si hay un jugador rival libre porque deciden entrar con más jugadores al área y nosotros tenemos tres jugadores en zona, podemos dejar al jugador más pequeño rival sin marca, o adelantar a un jugador al ataque para que ellos tengan que mandar dos jugadores a defenderle. Solo son ideas. Decide en función de tu equipo, el rival, tus objetivos y tu forma de analizar estas acciones.

- **Errores más comunes en el fútbol amateur y fútbol base**. En mi experiencia trabajando con estas categorías durante varios años, hay muchos errores en cuanto a que los jugadores pierden su marca y su referencia porque los entrenadores no suelen trabajar estas acciones de córner. Debemos considerar que si los jugadores suelen cometer estos errores de perder su referencia de marca y dejarles rematar solos, busquemos entrenar estas situaciones con el objetivo de que tus jugadores desarrollen herramientas para no ser superados por su rival. Podría ser a través del contacto constante con su referencia de marca, usando el cuerpo e impidiendo que pueda moverse con comodidad.

Es un error muy común y es algo que puedes corregir con simplemente entrenarlo, haciendo énfasis en que no pueden perder su referencia de marca, que no les permitan que rematen con comodidad y que no desconecten de la jugada; es decir, que se preocupen de su marca hasta el final de la acción porque es uno de los errores más comunes en todas las categorías. Entrena las acciones, corrige los detalles, graba los partidos y muestra las acciones para ver si algunos jugadores están fallando en estas situaciones.

Hay jugadores que no son contundentes en duelo aéreo, ni siquiera saltan para cabecear un balón porque les da miedo o también es porque no lo entrenan y eso genera dudas en el partido. Si no lo trabajamos, los jugadores no estarán acostumbrados a rechazar balones en despejes y eso puede generar que nos hagan gol por la poca contundencia en estas situaciones. Ayuda al jugador a vivenciar esa sensación de despejar el balón, de saltar con un rival para rechazar un centro y de impedir que su marca remate con comodidad. Y, por supuesto, debes tener en consideración que también lo puedes trabajar en tu fase de ataque de córneres, sabiendo que muchos equipos cometen estos errores y lo podrías aprovechar.

Y por último, otro error muy común es el posicionamiento del equipo después de despejar el balón y una segunda jugada. Es decir, cuando rechazas el balón de un córner, los jugadores están en distintos sectores, pudiendo estar lejos de su posición. En el momento que hay un despeje, los jugadores avanzan unos metros y algunos pierden su referencia de marca para volver a su posición. En ese momento, si el rival recupera el balón y se dispone a volver a centrarlo al área, suelen haber jugadores solos en el lado contrario del balón. Por eso, tenlo en consideración durante tu análisis y al mismo tiempo trabájalo con tu equipo para que eviten cometer estos errores. Sucede en todas las categorías y es difícil de defender.

2. Faltas

La mayoría de entrenadores sabemos que este aspecto se suele trabajar muy poco en el fútbol amateur y fútbol base. Básicamente todos partimos de la misma idea: si tenemos un buen cobrador de faltas, siempre tendremos oportunidad de hacer gol. Lo mismo sucede en los córneres. Las faltas son situaciones más difíciles de controlar porque las distancias de los golpeos varían en cada oportunidad. Un córner es más fácil de considerar y de entrenar porque mantiene siempre la misma distancia y los patrones no tienen por qué variar mucho.

Te mencionaré algunos puntos que debes considerar en el análisis de las faltas rivales y de tu equipo.

- **Jugador clave y patrones**. Lo primero y lo más importante, ¿tiene buen jugador para las faltas? Si todas las acciones las meten al área y su sacador es bueno, esa semana debes entrenar este tipo de acciones defensivas y ver como la puedes contrarrestar. Puedes entrenar aspectos globales de defensa de faltas para la mayoría de las jugadas en general. Y si son faltas cercanas, preparar a tus porteros para lo que se pueden encontrar.

Además del sacador, debemos analizar los patrones, como en todas las jugadas. ¿Las faltas lejanas las suelen lanzar hacia el segundo palo? ¿Cuántos jugadores van al remate? ¿Buscan a un jugador de referencia o solo buscan el área? A partir de allí, ver qué acciones importantes podemos para explicárselo a los jugadores.

IMPORTANTE: no podemos dar mucha información del rival a nuestros jugadores porque no van a retener tanta información. **Las faltas en el fútbol amateur o futbol base las debemos considerar como un punto general que debemos defender con un patrón similar en todos los partidos, con ciertos matices.** Si consideras algo muy importante en el análisis o un patrón muy marcado del rival que veas importante, hazlo saber a tus jugadores. Sino, entrena de forma global las situaciones y enfócate en los puntos débiles de las otras fases del juego.

- **Zona del campo de la falta.** No vamos a entrenar las faltas en todas las zonas del campo, sabemos que esto es imposible para controlar las distancias, los jugadores según la ubicación rival, los movimientos, etc. Hay que tener en cuenta que hay mucha diferencia entre una falta frontal lejana y una falta lateral. Ambas situaciones se defienden de forma diferente por la posición del balón, pero manteniendo un patrón general para las similares.

Si es una falta cercana posiblemente tiren a portería, así que debemos enseñarles a hacer barrera, que aunque parece básico, no posicionamos bien a los jugadores según su estatura. El portero debe saber ubicarlos. Luego, defender las faltas y acciones a balón parado es sentido común: entrar al posible rechace, mantener la referencia de marcas, estar atentos a posibles jugadas de estrategia, etc.

- **Jugadas de estrategia.** Al igual que en el córner, este es un aspecto a considerar. La descripción es exactamente la misma que les he explicado anteriormente con la diferencia de que pocos equipos suelen realizar jugadas elaboradas en faltas, y esto puede sorprendernos en algunos partidos aunque tú también a los rivales. Si lo hacen en el partido que has visto de tus rivales, considera que pueden hacer alguna jugada de falta contra tu equipo también.

- **Recomendaciones generales.** Para defender las faltas no te puedo decir exactamente que debes hacer, varía en función de varios aspectos, como el tipo de jugadores que tienes, tu portero y la forma que prefieres defender; no hay una formula secreta. Te puedo dar algunas ideas generales de cómo lo suelo hacer con mis equipos y el por qué.

Lo primero, hay entrenadores que prefieren defender todas las jugadas de faltas dentro del área. A mí en particular me parece muy complicado de defender porque le quitamos espacio al portero, y cualquier rechace o situación de duda, puede acabar en un balón para el rival dentro del área; y más en el fútbol base y en el fútbol amateur. Recomiendo que defendamos las faltas a la altura del borde del área nuestro, dependiendo de la ubicación de la falta, y perfilar a los jugadores para dar pasos atrás un segundo antes del golpeo, manteniendo su referencia de marca u ocupando distintas zonas. De esa forma podemos estar antes que los rivales y disputar el balón con cierta distancia de la portería.

Lo segundo, quizás prefieras defender lejos de la portería las faltas, haciendo un equipo corto a la distancia del balón y con mucha distancia con el portero. Hay equipos que lo hacen para mantenerse lejos de portería y dan pasos hacia atrás evitando que les ganen la espalda. Me parece arriesgado para cualquier balón que supere nuestra línea de defensa, dejando espacios para correr y pudiendo acabar en una ocasión clara del rival. Recomiendo que la distancia entre tus jugadores y la de tu portero sea suficiente para que el portero pueda salir de la portería y coger un balón en largo en el caso de que el golpeo no sea muy preciso, o que la línea defensiva pueda disputar el balón aéreo evitando que les supere y haya mucha distancia con el portero.

Lo tercero, en faltas laterales, consideraría defender casi como un córner. Jugadores en zona y marcas al hombre. De esa forma mantener cubriendo las zonas de remate más peligrosas e impidiendo que los jugadores puedan rematar con comodidad con el marcaje al hombre. Además, defender las faltas laterales como el córner facilita a tus jugadores a organizarse con un patrón conocido.

Cuarto, atento a los jugadores de referencia y los posibles bloqueos. A mí me gusta tener dos o tres jugadores en zona que estén sin referencia de marcas porque permite cubrir posibles espacios que el rival puede aprovechar producto de un bloqueo o zonas de remates claros. Si van a bloquear a distintas marcas, los jugadores que están en zona pueden ayudarte en estas situaciones.

Quinto y último, muchos entrenadores deciden defender las faltas con todos los jugadores en zona, haciendo que cada uno ocupen un sector, den pasos hacia atrás antes del golpeo y busquen defender la acción zonal. Esto es una opción muy buena porque no se deben centrar en el jugador rival que se puede estar moviendo de un lado al otro para confundirles, sino que cada quien se encarga de un sector. Eso sí, si vas a defender en zona, debes explicarles y enseñarles a los jugadores que deben dar pasos hacia atrás en un tiempo que les permita tener ventaja con respecto a su rival y a permanecer atentos a las segundas jugadas porque no tendrán referencias de marcas durante la acción.

3. Saques de banda

¿Cuántos entrenadores de fútbol amateur o fútbol base trabajan el saque de banda? No me refiero al típico saque de banda que le enseñas al jugador cómo debe sacar. Me refiero a sacar de banda con el objetivo de generar una situación de ventaja durante un partido.

Pocos entrenadores lo hacen porque no parece que fuese importante. Realmente no es tan importante a comparación de otros aspectos del juego, pero podría ayudarnos a generar situaciones de peligro e inclusive conseguir marcar goles como el que te mostré al principio de este capítulo.

Si lo analizamos desde el punto de vista rival, debemos observar los saques de banda en nuestro campo cerca del área. Podríamos encontrar algunos equipos que trabajen movimientos con el fin de favorecer ese saque de banda para acabar con un centro lateral. Otro caso común es el saque de banda rápido, lo hacen muchos equipos para darle velocidad al juego y no permitir que el rival se organice en defensa para defender el saque de banda con comodidad. Son los dos aspectos más relevantes a tener en cuenta en categorías de fútbol amateur o fútbol base.

Como pocos equipos lo trabajan a nivel ofensivo, no es algo que vayas a detallar tanto en el análisis. Por lo tanto, te mencionaré algunas ideas que puedes realizar en saque de banda ofensivo con el objetivo de generar situaciones de peligro o para iniciar el ataque organizado.

- **Saque de banda al pie**. Un aspecto que si realizan algunos entrenadores es un saque de banda al pie con el objetivo de devolver el balón al sacador y éste pueda tener tiempo y espacio para una siguiente acción. Podríamos realizar, según la zona del campo, distintas opciones posteriores como golpear el balón a espalda de la línea defensiva rival, o jugar un pase por dentro si hay un jugador libre, o retroceder el balón con el central del mismo lado o del lado contrario si están solos para iniciar un ataque organizado, etc.

Recuerda, parte de la idea de encontrar al sacador que está sólo para que pueda pensar en una siguiente acción. Si los apoyos son muy cercanos o el sacador está marcado, esta opción puede que no sea efectiva.

- **Acumular jugadores al saque de banda.** El saque de banda lo suele realizar un lateral, acumulando en ataque a un extremo y a un delantero. Podría haber un interior en esa zona también. A partir de ahí, buscamos un duelo para intentar ganarlo y atacar a la espalda rival o sacar alguna situación de ventaja. Es difícil progresar en un saque de banda porque hay superioridad defensiva y es el típico saque que suelen hacer la mayoría de los equipos. Así que te propongo una idea que puede ayudarte:

Acumula jugadores cerca del duelo de cabeza en estos sectores y prevé lo que puede suceder. Debes tener un jugador para la disputa de balón, otro que se desmarca ante la posible peinada, otro que apoye al jugador que disputa el balón con movimientos rápidos saliendo de su marca, y otro atento a un posible rechace incómodo rival. El extremo del lado contrario debe estar más cerrado de su posición habitual para intentar girar de primeras y saber que él va a estar allí, posiblemente solo. Si el extremo está posicionado en el centro del campo, el lateral rival no va a defenderle hasta ese sector y le va a permitir tener tiempo y espacio. Debemos dar la directriz a nuestros jugadores de encontrar al extremo del lado contrario lo antes posible porque es el que nos puede permitir progresar. Lo vemos en una foto un poco simulado.

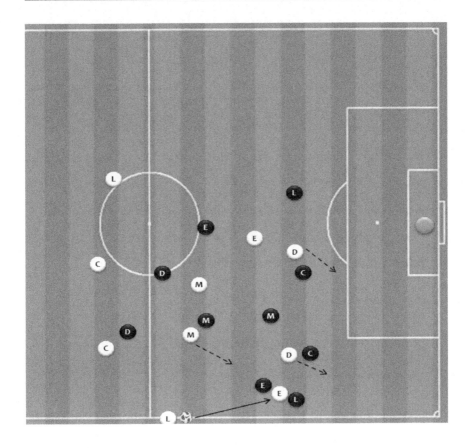

- **Saque de banda a la carrera**. Este aspecto lo he aprendido de entrenadores de gran nivel y viendo el fútbol profesional. **Es sacar de banda a la carrera de un jugador después de generar un espacio en un sector**. Esto permite que nuestro jugador receptor del saque de banda tenga tiempo y espacio para recibir ese balón y generar una acción posterior. Como es una idea difícil de explicar de forma escrita, usaré un vídeo que pueda ejemplificar mejor este aspecto con mis explicaciones para que puedas sacar provecho de la acción y generar cosas con tu equipo.

Hay más detalles a considerar ante distintos saques de bandas, como movimientos de compañeros, liberar zonas y jugadores claves ante esa posible acción defensiva u ofensiva, etc. El objetivo de este libro no es profundizar en las acciones de ABP que puedes hacer o defender, sino que te lleves ideas de cosas que te pueden favorecer y puedas trabajar en ello. Seguro que ya te he dado algunas ideas que puedas usar con tu equipo.

CAPÍTULO 7

Del análisis al entrenamiento: Cómo preparar a tu equipo para el partido

Hemos hablado de los tres aspectos importantes a considerar durante los análisis: el análisis global, el análisis individual y las acciones a balón parado. Ya tienes las ideas que debes observar de los rivales y al mismo tiempo de las cosas que te puedan servir para potenciar a tu equipo. Una vez que hemos detectado las debilidades rivales, nos toca llevar esos análisis a la práctica para desarrollar el plan de partido del fin de semana.

El plan de partido no es más que la estrategia que debemos elaborar antes de un encuentro para intentar contrarrestar los puntos fuertes rivales y aprovechar los puntos débiles. Para preparar una sesión de entrenamiento después de analizar a los rivales, **es importante tener claro cuáles son los puntos débiles del equipo contrario, definir los objetivos de la sesión de entrenamiento, adaptar los ejercicios y las actividades a los objetivos, y comunicar claramente lo que buscamos de los jugadores en fase ofensiva y en fase defensiva.** Esto se puede introducir a través de una charla táctica antes de comenzar la sesión.

No voy a profundizar en cómo preparar un entrenamiento porque no es el objetivo de este libro. En el otro libro que he escrito para entrenadores hay más aspectos básicos enfocados en la planificación y en la competencia. En este punto quiero destacar qué debemos hacer durante el entrenamiento enfocándonos en el rival, cómo lo podemos realizar, cuándo es el momento ideal para trabajar las fases y por qué esta estructura nos puede ayudar y beneficiar.

1. ¿Qué debemos tener en cuenta para los entrenamientos después del análisis rival?

Lo primero, vamos a desarrollar nuestro plan de partido **con tres o cuatro aspectos importantes del rival en su fase de ataque, otras de su fase defensiva y algunas en ABP, ya sea en el análisis global o individual, siempre partiendo de nuestra estructura y forma de jugar.** No podemos cambiar todo el trabajo que llevamos de una temporada por un solo rival, al menos que te enfrentes a un equipo muy bueno que quieras defender todo el partido, o que juegues en un campo pequeño y en mal estado; esto puede condicionar la idea de juego. En casos normales, vamos a modificar ciertos matices que permitan atacar los puntos débiles rivales y contrarrestar los puntos fuertes.

Esas tres o cuatro cosas deben ser claras, concisas y fáciles de entender para los jugadores. Si les damos muchas ideas no van a retener toda la información de manera efectiva y no vas a poder entrenar todos los aspectos de forma eficiente. Me ha pasado en muchos momentos de dar demasiada información del rival a los jugadores y luego no recuerdan ni la mitad. ¿Podrías transmitir más de tres o cuatro ideas de cada fase? Si se trata de acciones que tienen que ver con tu estilo de juego y te ayudan a reforzar lo que ya has trabajado con ellos, quizás sí. Ahora, si se trata de cosas diferentes, adaptadas al rival, no hagas tantos cambios en tu equipo; no lo van a recordar y se olvidarán de lo realmente importante.

¿Qué aspectos podrías plantear según el análisis rival? Te voy a dar un ejemplo de fase ofensiva.

1. El rival tiene mucha distancia entre líneas, por lo tanto, los extremos nuestros pueden tener libertad de bajar unos metros y recibir el balón por dentro porque habrá espacios. 2. La línea defensiva no suele estar perfilada para correr a la espalda, podemos intentar atacarles con desmarques y golpeos en largo. 3. El central izquierdo y el lateral izquierdo no son contundentes en el juego aéreo, podemos intentar golpear a ese sector y meter centros laterales hacia esa zona atacando con jugadores en ese sector para buscar rematar. 4. Presionan muy alto, casi en marcaje al hombre, por lo tanto, vamos a usar extremos por dentro, o que un delantero baje unos metros a recibir un posible balón y ver que hacen los defensas. Y si nos igualan al hombre tenemos situación de 1vs1 al espacio.

Lo segundo, una vez estructures esa idea en ataque, en defensa y en ABP dentro de la sesión de entrenamiento, vamos a transmitir este mensaje a los jugadores para que lo tengan en sus mentes al mismo tiempo en el que lo entrenamos. Necesitan saber lo que van a encontrarse el día del partido y de esa forma enfoquen sus pensamientos esas acciones puntuales para sacar ventaja.

Lo tercero, debemos planificar la sesión de entrenamiento con ejercicios que se asemejen a las situaciones que van a vivenciar. Transmitir la idea del plan de partido en una charla o a través de imágenes siempre puede ser positivo, pero debemos reforzarlo con ejercicios que permitan tener la transferencia en el juego; sin olvidarnos del entrenamiento estructurado. Si llevas el mensaje teórico a la práctica, permite que los jugadores lo vivencien y lo memoricen con mayor facilidad.

2. ¿Cómo vamos a desarrollar el plan de partido en el campo?

Empezaremos por aspectos micros del juego, en situaciones puntuales. Podemos preparar un día la fase defensiva, otro día la fase ofensiva y otro día acciones a balón parado. También podríamos mezclar fases en un solo día, ya sea porque entrenamos dos días a la semana o porque prefieras trabajar más aspectos en una sola sesión. Es un tema de gustos. Aunque, si trabajas todos los aspectos en ataque, en defensa y de ABP el mismo día, difícilmente recuerden toda la información. Necesitamos que el jugador tenga poca información cada día que pueda memorizar.

¿Qué cosas debes considerar? El rival es el condicionante principal para realizar ciertos ajustes en el plan de partido, pero tu estructura e idea de juego debe mantenerse siempre. No te olvides de trabajar los aspectos de tu estilo de juego en todo momento, tanto a nivel ofensivo como a nivel defensivo. Si analizas a tu equipo, tendrás cosas a mejorar y corregir de cada partido. Por lo tanto, no enfoques las sesiones en solo trabajar aspectos enfocados al rival, sino que complementes la información del análisis en ciertas acciones y des el matiz importante que quieras aprovechar; manteniendo los aspectos de tu equipo.

¿En qué momento hacemos la charla del rival a nuestros jugadores? Lo ideal es realizarlo antes del entrenamiento en el que vas a trabajar los aspectos macros del juego. Es decir, el día que vas a hacer espacios amplios simulando situaciones de partido. Simple, tus jugadores reciben la información y luego lo vivencian. Y si luego quieres hacer una sesión de vídeo o enviarlo por privado para reforzar las ideas, sería genial. ¿Cuál es el día de la charla y entrenamiento de espacios amplios? Lo explicaré en el siguiente punto.

3. ¿Cuándo es el momento ideal para trabajar estas situaciones?

Esto es una pregunta que me hacen muchos entrenadores. No hay un día exacto para trabajar situaciones enfocadas en el rival, aunque hay días que, por la carga física que deben tener los jugadores con el objetivo de llegar aptos para el partido, se trabajarán más aspectos micros o macros. Por ejemplo, si entrenamos tres días a la semana (martes, jueves y viernes) y jugamos el sábado, podemos desarrollar el plan de partido a través del análisis de esta manera:

Martes: es el día para trabajar más aspectos micros del juego, puede ser del rival o de nuestro equipo, aunque lo ideal es sobre nuestros jugadores. **Realizar espacios reducidos, grupos con poca cantidad de jugadores, alta carga física con cambios de ritmos, cambios de dirección, arrancadas, frenadas, etc.** Recomiendo trabajar aspectos a corregir de nuestro equipo en fase defensiva como los perfiles, coberturas, marcas, ayudas, entre otros. Pero no tiene por qué ser así. Podemos incorporar acciones analíticas al principio del entrenamiento enfocado en una idea del rival. Ejemplo: perfiles, controles orientados y cambios de ritmo, simulando que el rival deja mucho espacio en el centro del campo y cuando un jugador reciba el balón allí, sepa que esa acción es la que puede realizar.

Jueves: es día de trabajos amplios y aspectos macros del juego. **Suelen ser situaciones de partido, con gran cantidad de jugadores y con una duración elevada.** En este día se suelen trabajar la mayoría de los aspectos del rival en cuanto a sus puntos débiles y fuertes. Un equipo simula acciones que suele hacer el rival, con su estructura e ideas de juego, y otro equipo hace las ideas que le quieres transmitir simulando a tu equipo. Luego cambias el rol. El objetivo es trabajar aspectos globales del juego, sobre todo en ataque, pero también incorporar situaciones defensivas puntuales que refuercen acciones que ya has trabajado y son ideales para el plan de partido.

Viernes: este día se realizan **más acciones de velocidad y trabajos específicos, sobre todo acciones de transiciones, ABP y finalizaciones**. Podemos realizar acciones combinadas simulando situaciones defensivas rivales que queramos aprovechar. También podríamos trabajar algún aspecto defensivo global con respecto al rival. Y acciones de finalización para que los jugadores tengan esas sensaciones de cara a portería, con situaciones de velocidad. Debe haber mucho tiempo de recuperación entre acciones porque podríamos llegar a jugar el día siguiente y no queremos fatigar al jugador.

Te he transmitido una idea de cosas que podrías trabajar y cómo podrías hacerlo en una estructura de tres días a la semana. Pero no tiene por qué ser exactamente así. Además, influye el día que juegas el fin de semana o incluso el día que jugaste antes de tu primer entrenamiento de la semana para saber qué tipo de carga física puedes priorizar.

¿Podrías trabajar finalizaciones el jueves? Si claro, en Galapagar lo hacíamos también al inicio con acciones combinadas. ¿Podrías hacer partido el martes? Si jugaste el sábado tendrán suficiente tiempo de recuperación y no está mal añadir espacios amplios, es decir, espacio reducido más espacio amplio. ¿Podrías trabajar ABP el martes? Si, si jugaste el Domingo por la tarde y tus jugadores todavía están cargados físicamente, podrías meter situaciones de ABP, finalizaciones y luego meter un poco de espacio reducido. Debemos adaptarnos a las situaciones semanales, a los jugadores que tengamos, a los días de entrenamiento vs el día de partido, a la carga física que veamos en ellos y/o a la exigencia del partido anterior.

4. ¿Por qué esta estructura te puede ayudar en el plan de partido?

Te he explicado cómo podrías desarrollar tu plan de partido enfocado en el análisis rival en tres días a la semana, pero no te dije el por qué. Con esta estructura tus jugadores entrenarán correctamente en cuanto a la carga física que deben tener en la semana, cosa que es importante a considerar. Es un punto en el que no voy a profundizar porque no es el objetivo de este libro, pero es una estructura enfocada en lo que el organismo necesita en cuanto a estímulo, recuperación y preparación.

Por otra parte, con esta estructura, tus jugadores van a recibir la mayor información relevante del rival el jueves, día de plan de partido específico, en donde vas a simular lo que realizan de forma global y las herramientas que quieras implementar. Están cerca del fin de semana y la información les será más fácil de recordar el fin de semana si explicas más aspectos del rival ese día. Si les dices la mayor parte el martes y no lo recuerdas durante la semana, posiblemente lo olviden para el partido del fin de semana. Sentido común.

Y por último, las acciones a balón parado (ABP) son los aspectos que requieren de mayor concentración y enfoque. El viernes suele ser un día de poca carga física y con bastante tiempo de recuperación si se juega el sábado. Por lo tanto, entrenar las ABP ese día permite que haya pausas y además que el jugador lo pueda memorizar más fácil para el partido por el poco tiempo que queda para jugar. Si lo trabajas el martes y no lo vuelves a recordar en toda la semana, te garantizo que se les va a olvidar a la mayoría. Las ABP pueden tener modificaciones en función de cómo lo defiende o ataca el rival, eso significa que podría variar de una semana a otra. Por ende, hacerlo previo al día del partido puede ser mejor para que tus jugadores lo recuerden.

5. ¿Cómo transmitir el análisis del rival a tus jugadores?

El objetivo es que los jugadores estén informados sobre los aspectos más importantes del equipo al que se enfrentarán y puedan tener herramientas que les ayude durante el partido. Es importante tener en cuenta que cada entrenador tiene su propia forma de presentar la información a sus jugadores. Algunos prefieren una presentación visual si tienen los partidos grabados, o una presentación de diapositivas con las ideas; mientras que otros prefieren una discusión más interactiva con una pizarra explicando las situaciones, o solo dar la información en el campo. Lo más importante es encontrar el enfoque que funcione mejor para tus jugadores, que puedas realizar en el tiempo que tienes sin perder entrenamiento y que permita que entiendan la información de manera clara y concisa.

En cuanto al vídeo o la charla, es importante destacar solo las tres o cuatros fortalezas y debilidades del equipo rival, así como las estrategias que se utilizarán para contrarrestarlas. También podrías resaltar las características individuales que has analizado y que te parecen determinantes, como la velocidad de algún jugador, o la habilidad con el balón de otro, etc. Recuerda, no les satures de información que no lo van a recordar, considera solo los aspectos más importantes. Demasiada información puede aburrir a los jugadores e incluso confundirles.

Una buena opción de hacer la sesión de vídeo es permitir que los jugadores participen en la presentación, fomentando el debate y la discusión de algunas situaciones y del cómo se pueden contrarrestar durante el partido con nuestras características y estilo de juego. De esa forma nos aseguramos de que la mayoría comprendan la información. Lo único negativo es que eso podría aumentar el tiempo de vídeo y debes considerarlo para no añadir mucho tiempo.

Y algo que me parece importante: **evita el uso de tecnicismos innecesarios que puedan confundir a los jugadores**. Desde que empezaste a leer este libro, ¿cuántos términos complejos has leído?

Si tienes poco tiempo en el mundo del fútbol algunos términos te parecerán desconocidos, pero la mayoría son fáciles y precisos para que los entiendas. **No te quiero demostrar cuanto sé de fútbol hablándote con tecnicismo. Solo quiero ayudarte a que entiendas las ideas y te ayuden. Haz lo mismo con tus jugadores.**

6. ¿Cuánto tiempo debería ser la sesión de vídeo o de la charla?

Depende. Si tienes recursos visuales, el vídeo debe ser corto entendiendo que se puede alargar por las explicaciones o debates; dependerá de muchas cosas. Un vídeo con varios fragmentos podría estar entre los 3 minutos y 8 minutos. De esa forma podemos presentar todas las fases rivales. ¿No podrías hacerlo de más tiempo? Si te interesa que los jugadores retengan información, este es el tiempo ideal añadiendo varios fragmentos cortos, pero podrías alargar el vídeo si no haces tantas pausas en él, y si las acciones que quieres mostrar son largas.

Es decir, si una acción completa dura aproximadamente 2 minutos, ya sea porque el rival hace muy bien las cosas en ataque combinativo y quieres enseñarlo, no puedes poner 10 acciones de 2 minutos, es demasiado tiempo para mantener la atención. Y si vas a hacer pausas del vídeo cada 6 segundos para explicar algo, debe ser un vídeo corto aunque tengas muchas cosas que quieras presentar. Simplemente quita acciones similares y enfócate en dar las ideas. Aplica sentido común. Recuerda que el ser humano tiene poco tiempo de atención. Cuanto más largo lo hagas, más aburrido será para ellos; alguno empezará a bostezar y a pensar en otra cosa. No es lo que queremos.

Mi recomendación es que la sesión de vídeo, más explicaciones y conclusiones, no supere los 15-20 minutos. Si son adultos y lo haces dinámico con preguntas, podrías llevarlo a 30 min, aunque es bastante tiempo. Más de ese tiempo perderás la atención de la mayoría. Y si durante la charla realizas alguna dinámica, muestras un vídeo de motivación o algunas bromas que quieras incorporar, es lógico que puedas alargar la sesión más de 15 minutos. La atención específica del análisis de vídeo debe ser corta, pero todo lo que hagas diferente siempre puede captar la atención nuevamente y motivar al jugador.

CAPÍTULO 8

La decisión en tiempo real: Cómo tomar acción durante tus partidos

El momento de tomar decisiones en tiempo real ha llegado, y esto podría influir en que ganes un partido o en que lo pierdas. Debemos tomar decisiones en función de lo que sucede en el campo. **La mayoría de los entrenadores de fútbol amateur y fútbol base toman decisiones sin una reflexión consciente de lo que observan porque se centran en el balón y no en lo global.** Les dicen a los jugadores que deben despejar el balón más rápido, que den dar pases más rápido, que no la pierdan, que realicen un centro al área, que sean más intentos, etc. No digo que esté mal, pero eso no son correcciones con un análisis profundo del juego.

Pocas veces he escuchado a entrenadores decir cosas como: «si el extremo está presionando al central, el libre es el lateral y tenemos que encontrarle», «muévete para atraer al rival, si no te siguen eres el jugador libre, y si te siguen, buscamos la espalda con un golpeo». Es decir, no les enseñan a jugar ni a entender el juego, pero básicamente es porque tampoco lo entienden ellos o porque simplemente ven el fútbol desde otro punto de vista; eso se respeta. En mi caso, me gusta dar indicaciones y corregir situaciones que veo en función de lo que hace el rival, sobre todo en fútbol base que todavía la mayoría no son capaces de interpretar situaciones para actuar en consecuencia.

El plan de partido que hemos realizado puede condicionarse si el rival cambia la forma de jugar, la formación, o cualquier jugador que teníamos en mente. Por eso, la observación en tiempo real no solo es importante, sino que puede llegar a ser clave en el resultado porque es el que nos permite modificar ciertos aspectos del juego en el que nuestro equipo no está progresando de manera efectiva o que el rival si lo está haciendo.

Lo primero, éste análisis en directo es muy diferente al que solemos hacer del rival en otro momento. Estaremos en el banquillo, a la misma altura de todos los jugadores y no tendremos una perspectiva similar a la que podamos tener en una grada. Además, la emoción del partido nos impide ser objetivo en muchos momentos porque estamos más atentos del balón que de todo lo que sucede en el partido, perdiéndonos de los detalles. Este es el principal error que cometemos y que nos impide tomar decisiones acertadas. También debemos gestionar los cambios que haremos, analizar muchas cosas que van sucediendo de forma específica, y es más difícil percibir todo lo que sucede de forma global.

Si nos olvidamos del balón en muchos momentos del juego y nos centramos en analizar lo que sucede dentro del campo en diferentes sectores, vamos a poder tomar mejores decisiones porque vamos a identificar cuáles son los espacios libres, cuales son los jugadores que están solos según nuestra forma de jugar, qué jugadores rivales están saliendo de su zona defensiva y que nos puede permitir atacar ese sector a su espalda, etc. Por lo tanto, **olvídate del balón cuando observes el partido y analiza lo que sucede con el resto de las líneas para pensar tus siguientes movimientos a realizar con el fin de sacar ventaja en el juego.** Básicamente es dejar de ver el partido como un aficionado.

¿Cómo lo ve un aficionado al fútbol? Observa cada jugada de manera detallada. Es decir, mira el balón y lo que sucede en esa acción puntual, pero no está percibiendo el resto de acciones. Por ejemplo, imagina que tu equipo está atacando, has llegado con un balón a la banda para meter un centro lateral y ¿qué crees que están mirando los padres y aficionados? Están mirando al jugador que tiene el balón y algunos observan quienes están en el área para rematar; tú también lo haces. Y si en esa acción, además de percibir lo que sucede, estás pendiente de que tus jugadores defensivos estén bien posicionados para detener una posible transición y de referenciar a un jugador rival, ¿no crees que puedas ser más efectivo? Ese es el enfoque que debes de tener.

«Pero Álvaro, eso es muy difícil. ¿Cómo me pides que me olvide del balón si es algo que no puedo evitar durante el partido?» Lo entiendo. A todos nos pasa. La emoción del partido, la emoción de la jugada y la situación amerita que nuestra atención esté en ese aspecto del juego; es difícil pensar en algo diferente. Sin embargo, **si consigues partido a partido empezar a controlar esa emoción, centrarte en los aspectos tácticos y detectar, al mismo tiempo que ver la jugada, lo que puede suceder después, podrás corregir ciertas acciones en el partido que te darán ventaja.** Si no, no vas a ser diferencial.

Recuerda que, aunque hayamos realizado un plan de partido específico, el rival posiblemente también lo ha hecho y puede modificar las ideas que tenías en mente. **En ese caso, el análisis en directo es la clave para intentar sacar ventaja si modificar algunas cosas que no estén funcionando correctamente producto de algo que no esperabas y tus jugadores no lo han detectado.** ¿Qué situaciones podrías observar y analizar que te permitan modificar las estrategias durante un partido? Vamos a ello…

En el análisis global e individual está toda la información detallada de los aspectos que considero importante. En este punto quiero mencionarte las acciones que podrías analizar en ese instante y que te permitan tomar decisiones rápidas para modificar ciertas conductas. Si el partido empieza y te das cuenta de que el rival ha cambiado su estrategia o lo que tenías en mente, podrías esperar al descanso para hacer modificaciones, o podrías ajustar en el momento ciertas cosas para evitar que se convierta en un problema, sin necesidad de hacer cambio de jugadores. Son muchos aspectos a analizar y es similar a lo que ya hemos hablado, por eso te diré **cuáles son los más importantes a considerar durante el partido para modificar cosas:**

- **Observa los espacios, la estructura y los movimientos de los rivales.** Debemos observar la formación que están usando en el campo y los movimientos que realizan los jugadores para saber si es similar a lo que teníamos planteado o si tenemos que ajustar ciertas cosas. La clave es que identifiquemos qué patrón va a realizar el rival durante esos primeros minutos con un partido 0-0 y cuál es el plan de partido que han desarrollado para que nosotros intentemos contrarrestar esas situaciones que no esperábamos, modificando cierto matiz.

¿Qué podemos analizar en esos primeros instantes del juego? Ubicar los espacios libres que se han generado producto del plan de partido del rival, es decir, la forma de atacar y de defender de ellos, y compararlo con lo que has planteado con tu equipo por si tienes que adaptar algunas posiciones de jugadores o simplemente modificar ciertos criterios para intentar defender mejor las acciones rivales y/o aprovechar los puntos débiles.

Es simple, tenemos que observar si el rival ha cambiado algunos patrones de nuestro primer análisis, y si tiene algunos movimientos diferentes a los que teníamos pensado y a los que habíamos previsto. Por ejemplo, si creías que los extremos iban a estar en máxima amplitud haciendo desmarques por fuera, y realmente tienen a los extremos por dentro intentando encontrar línea de pase interior, debes pensar si puedes ajustar esas circunstancias cerrando más a tus extremos, o que tus mediocentros estén atentos a esos pases, o que los laterales les sigan, etc. Es decir, ayudarles a los jugadores a identificar ese cambio para que sepan que es lo que pueden que hacer.

Lo ideal es tener jugadores que sean capaces de analizar el contexto y reorganizarse por ellos mismos dentro del campo, pero sabemos que eso es muy difícil de lograr en la mayoría de categorías. Si trabajas en el fútbol profesional o semi profesional es más fácil que ellos perciban lo que sucede alrededor. En el fútbol amateur y fútbol base quizás debas ayudar en esa interpretación porque algunos jugadores no estarán percibiendo lo que sucede con facilidad. Es ahí donde te puedes diferenciar de la mayoría de entrenadores.

- **Observa la presión defensiva que te hacen.** Hemos desarrollado una idea de juego para el partido y nos damos cuenta que el rival ha modificado la presión o ha cambiado alguna estructura de esa presión para evitar que nosotros podamos progresar en ataque, ¿qué hacemos? Tenemos que observar esa presión en esas primeras acciones porque identifica el plan defensivo que ha planteado el rival y la formación que está usando. Una vez que saquemos el balón desde la portería, es el momento en el que vamos a ver la estructura defensiva que tiene el rival y el tipo de presión que va a realizar. Pueden sorprendernos con una presión muy intensa, igualándonos en casi todo el campo y eso podría cambiar nuestra idea de juego.

Esos primeros segundos de un saque de portería, o un reinicio del balón (falta, saque de banda, etc.), o una situación de ataque combinativo, es el momento dónde vamos a identificar cuál es la estructura que tiene el rival y que tipo de presión va a realizar. Ya sea en forma de repliegue con una estructura junta, ya sea presionando los reinicios, adelantando algunos jugadores de posición y luego replegar en la fase de ataque combinativo rival, entre otros. A partir de ahí, ajustar la idea que hemos planteado si llega a ser diferente a lo que creíamos. Tenemos que tenerlo en consideración porque si queremos jugar combinativo y el rival nos presiona de forma diferente a la esperada, la idea podría cambiar para no sufrir pérdidas innecesarias.

Resumen: observa los distintos patrones que están realizando en el momento en el que te presionan. Luego, piensa como puedes contrarrestarlo sin necesidad de cambiar toda la estructura de juego, ni a los jugadores que tienes en el campo. Si presionan al hombre y te sorprenden, debes saber que tus jugadores estarán igualados en todo el campo y tendrás que buscar duelos directos, fintas y amagues para generar espacio, acciones de segunda jugada, peinada, balones a la espalda rival, etc. Es algo que también debes entrenar en muchos momentos de la temporada para cuando los rivales te sorprendan con este tipo de presión.

- **Analiza si tienen mucha distancia entre líneas o mucho espacio a la espalda de línea defensiva.** Detalla la distancia que tienen entre líneas o entre jugadores de la misma línea. Puede ser que no te hayas percatado en el análisis de vídeo o que el campo donde les habías visto era más pequeño o más grande que donde te toca jugar a ti contra él. Esto sucede a menudo por la diferencia de campos de fútbol que permite que los jugadores tengan patrones diferentes, ya sea por lo largo o por la anchura del campo. Puedes detectar espacios y zonas frágiles para progresar tanto a nivel de ataque combinativo como atacando los espacios con juego directo.

Me ha pasado muchas veces analizando fútbol base o fútbol amateur que los equipos deciden cambiar el plan de partido e ir a presionar al rival y hay una distancia muy larga entre los jugadores, o muy poca distancia cuando se repliegan en el mediocampo, dejando mucho espacio a la espalda de la línea defensiva. Eso puede suceder porque han cambiado su idea de juego contra tu equipo y no tienen entrenado todos los detalles de esa forma de jugar.

Si están replegados en el mediocampo con el equipo muy junto, dificultará que puedas progresar con un pase corto por dentro porque hay poco tiempo y espacio para los jugadores que jueguen por la zona del medio, pero genera que haya más espacio a la espalda de la defensa. Por eso, esos primeros minutos podrás ver esos patrones que el rival ha diseñado para el plan del partido, diferente de lo que esperabas, y podrías dar ciertas consignas a los jugadores para aprovechar esas debilidades, encontrando jugadores libres con tiempo y espacio por dentro, o atacando los espacios.

- **¿A dónde golpear para generar ventaja?** Si el rival está realizando una presión intensa que no esperábamos, observa las acciones de duelo directo rival para intentar encontrar una debilidad. Si ves que, por ejemplo, el lateral izquierdo ese día no está siendo contundente en duelos y le has ganado en duelo en tres acciones, intenta dar ese matiz de que golpeen al lado del lateral y pon a tu jugador que mejor vaya de cabeza con él, para buscarle en juego directo. Aunque no hayas analizado ese punto débil individual porque no lo observaste en el partido que hayas visto, o porque no se dieron muchas acciones de ese tipo de duelos, a lo mejor es un punto que identificas en directo y lo puedes aprovechar modificando algunos jugadores de posición cuando haya un juego directo.

- **¿Cómo te están haciendo más daño en el partido?** Si tu plan de partido era presionarles a campo rival pero te das cuenta que en el ataque directo de ellos te están generando ocasiones, ganando los duelos y atacando las espaldas de tu línea defensiva, a lo mejor podrías modificar esa conducta para evitar que te ganen la espalda de tus defensas, y pensar en replegar en varias fases en vez de ir a presionar. Ya sea porque nuestros jugadores no están al 100% a nivel de concentración o porque el rival ha condicionado que tengamos algunos fallos. La idea es que podamos reestructurar y modificar esa conducta antes de que acabe el primer tiempo para que no se convierta en una penalización y no nos acaben haciendo gol por no haberlo modificado con tiempo.

  Si te están haciendo más daño en un sector del campo, a lo mejor podrías modificar a jugadores de posición, o simplemente pedir ayudas de algunos jugadores en ese sector en específico por lo que hace el rival, o para ayudar a ese compañero que está fallando. ¿Cómo analizarlo? si vemos que el rival ha golpeado cuatro veces al lado derecho y allí están ganando los duelos, entonces tenemos que defender ese sector con un jugador adicional sabiendo que posiblemente van a golpear allí. Es un ejemplo que se puede dar en el partido y podría ayudarte a modificar ciertas acciones para contrarrestar al rival.

- **¿Cómo tomar decisión y cómo transmitirlo?** Durante el partido vamos a ir dando indicaciones a jugadores en función de lo que vemos del rival y lo que queremos modificar, ya sea en ataque o en defensa. Espera hacerlo cuando el balón no esté en juego o en situaciones en dónde tus jugadores no pierdan la concentración de la jugada por atenderte. Las modificaciones que vayas a realizar y el mensaje que quieres dar deben ser cortos y precisos. Si das demasiada información constantemente, les vas a confundir y no vas a permitir que se centren en el partido.

Una modificación puede ayudar a darle tranquilidad al equipo en los momentos en donde el plan de partido no esté funcionando, pero tampoco puedes realizar demasiadas modificaciones en los primeros minutos porque les puede hacer perder la concentración del juego y generar dudas. Los ajustes más importantes de la idea de juego deberías hacerlo en el entre tiempo, de esa forma tendrás al equipo completo para poder dar la charla y con la atención ideal. Lo hablaremos en el siguiente punto.

Conclusión: el objetivo es intentar hacer las modificaciones en cuanto veamos patrones que se están dando por parte del rival, y que nos ayude a sacar ventaja o a modificar situaciones que debamos contrarrestar. Necesitamos hacer ajustes rápidos, diciendo el qué, el cómo y el por qué si fuese necesario, y que tus jugadores puedan salir beneficiados sin modificar toda la estructura planificada porque puede generar muchos desajustes y confusión; salvo casos excepcionales.

CAPÍTULO 9

La charla técnica en el medio tiempo: Cómo transmitir lo que observaste

¿Sabes la importancia que tiene la pausa del medio tiempo? Suele ser la clave de muchos partidos de fútbol. Cuando las cosas no van bien tus ajustes tácticos pueden cambiar el partido, tanto de forma positiva como de forma negativa. E incluso, no modificar ningún aspecto del juego, que es lo que muchos entrenadores hacen, puede acabar siendo un problema. La mayoría de los entrenadores de fútbol amateur y fútbol base se preocupan más por la motivación de los jugadores (que me parece genial), pero poco o muy poco de los aspectos del juego. Ya esto lo he mencionado antes, si un entrenador no analiza ni entiende el juego, lo que le queda es gestionar la motivación del equipo.

¿Qué suelen hacer la mayoría de entrenadores en el medio tiempo? Exigir más intensidad a los jugadores, cosa que muchas veces es importante, pero en otras situaciones no se tiene que enfocar solo en la intensidad. Pedir más contundencia en los duelos: necesario en muchos momentos. Más concentración: esto si suele ser importante aunque los jugadores no quieren estar desconcentrados, puede que el rival genere situaciones de dudas por la forma en la que atacan o defienden. Recriminar los fallos a los jugadores: esto lo hace la mayoría de entrenadores, sin aportar soluciones o transmitiendo el mensaje de forma negativa.

Por supuesto, estas situaciones se suelen dar cuando el equipo va perdiendo. Si va ganando, todo es más fluido, aunque mantienen el mensaje motivacional. No digo que esté mal, de hecho, es necesario motivar a los jugadores cuando se va perdiendo. Nuestro mensaje debe ser enfocado en transmitir confianza, seguridad, hacerles sentir importantes y que no se relajen en lo que queda de partido; de esta forma, los jugadores suelen salir al campo con un estímulo de motivación. Sin embargo, esto no es lo único importante, debemos tener la capacidad de observar el partido con un enfoque analítico y no como un aficionado.

Si hemos centrado nuestra observación del primer tiempo en distintos aspectos del juego, en analizar los espacios, en analizar como presiona el rival, donde les podemos hacer daño, cómo nos están haciendo daño, etc., tendremos herramientas tácticas para darle a los jugadores en el entre tiempo. Si por el contrario, solo observamos el balón, las acciones entorno al balón y nos olvidamos de lo demás, no podremos ayudar a corregir los detalles importantes del juego y nuestra charla estará enfocada solo en aspectos motivacionales, como ser más contundente, más concentración, más pasión al jugar, más fuerza en las acciones de disputas, jugar más rápido con el balón o tener paciencia con balón, etc.

¿Se puede ganar si solo motivamos a los jugadores? Claro, es lo que hacen la mayoría de los entrenadores y puede dar resultados positivos, en muchas situaciones no será efectivo. Si tenemos a nuestros jugadores motivados y se presentan las acciones favorables, estando acertados en defensa y logrando marcar goles; acabaremos ganando. E incluso podríamos decir que el estímulo de motivación pudo ayudar a ganar el partido.

Ahora, si además de motivarles, modificas aspectos tácticos en función de tu análisis del rival, ¿podrías aumentar las probabilidades de ganar? Totalmente. **Si además de motivarles logras transmitir un mensaje que ayude a generar situaciones de peligro por los espacios que observaste y a contrarrestar las acciones de peligro rival, eso te lleva a controlar el partido y aumentar las probabilidades de éxito.** También puedes equivocarte en el análisis, o el rival puede modificar ciertas acciones en el entretiempo que modifica tus ideas, ahí deberás ajustar sobre la marcha como lo mencionamos en el capítulo anterior. Es fútbol y no hay nada que se controle al 100%, pero analizar el juego en todo momento puede ayudar.

Muchas veces he entrado al vestuario de mi equipo en el medio tiempo, perdiendo un partido, y les escucho a los jugadores decir: «nos falta intensidad», «tenemos que jugar más rápido», «no sabemos competir». La mayoría de los jugadores justifican un mal partido a la intensidad, y quizás puede llegar a ser ese el motivo en ciertas situaciones. En ese instante doy modificaciones tácticas, explico situaciones que ellos no están percibiendo en el campo y les motivo. En el segundo tiempo solemos acabar generando situaciones de peligro, contrarrestando al rival y siendo superiores en el juego aunque luego podamos fallar en otros aspectos. Simplemente es estar mejor ubicado en el campo en función de lo que hace el rival, y a partir del allí se pueden generar situaciones de peligro.

¿Cómo debe ser la charla en el medio tiempo? Vamos a enfocar la charla en tres o cuatro aspectos a mencionar y debemos mantener una secuencia para evitar confundir a los jugadores. Es decir, enfocamos las fases del partido en cada aspecto y no las vamos a mezclar constantemente. Tenemos que ser precisos con la información, **vienen de medio tiempo con las pulsaciones aceleradas, no te pongas a dar miles de instrucciones de cada una de las fases del juego porque será imposible recordar**. La mente de ellos no está tranquila. Mi recomendación sería hablar primero de la fase ofensiva nuestra con aspectos que queramos corregir, luego de la fase defensiva, luego si es necesario algo de ABP y por último acabar con la motivación. Lo voy a explicar un poco mejor:

1. **Fase ofensiva**: debemos mencionar esos aspectos que analizamos del primer tiempo y que sean importantes en el plan de partido, o que se deba modificar producto de los cambios que ha hecho el rival en la primera idea que teníamos. ¿Cuántos aspectos dar a los jugadores? Tres o cuatros matices puntuales, precisos y que los jugadores no tengan que hacer un análisis profundo. La idea es corregir detalles que se pueden mejorar según lo que vemos de ellos, o recordar aspectos del plan de partido que no se están haciendo correctamente, o modificar ciertas acciones que pensamos que nos

puede dar ventaja. También podemos hacer preguntas de lo que ellos ven en el campo y a partir de allí reforzar con los cambios.

Ejemplo: A) «¿Cómo nos están presionando? ¿Se han dado cuenta que el extremo derecho está yendo a por nuestro central impidiendo que podamos tener el balón? ¿Quién sería el jugador libre en ese caso? El lateral, claro. Debemos intentar encontrarle y estar atentos para que el extremo no pueda robar». B) «Por otra parte, cuando progresemos, vamos a jugar a la espalda del lateral izquierdo de ellos porque sale muchas veces de su zona y es lento». C) «Si no podemos jugar en corto, vamos a golpear al lateral izquierdo que es pequeño y nuestro delantero tiene que llegar a esa zona para ganar el duelo y tener un 2vs1 con el extremo». D) «Si vemos que nos presionan muy alto, no nos complicamos, tenemos jugadores que en duelos van bien pero no golpeemos a los centrales que son buenos.»

He resumido el mensaje para que se entienda que solo con dar tres o cuatro consignas es suficiente, y ya ves que son cosas fáciles de entender. Podemos recordar que debemos mantener nuestro plan de partido entrenado en la semana. La clave es ajustar cosas puntuales que hemos percibido durante esos primeros minutos y que es probable que siga sucediendo según el resultado del partido y las circunstancias que se han dado.

2. **Fase defensiva**: al igual que en fase ofensiva, daremos tres o cuatro aspectos a corregir. Ejemplo: A) El delantero está bajando a recibir y nos están encontrando pases interiores por dentro, debe salir un

central con él si tenemos superioridad en línea defensiva para que no reciba con comodidad. B) Están golpeando muchos balones a su extremo derecho, debemos estar atentos a las ayudas porque allí están generando situaciones de peligro con la subida del lateral. C) Nuestra presión la vamos a ajustar, en vez de los dos delanteros presionar a los centrales, uno se va a quedar con su mediocentro y el otro va a presionar al poseedor del balón, hacerlo en trayectoria circular para que no pueda dar un pase con otro central. D) Mediocentros más cerca de las ayudas defensivas porque golpean muy seguido.

3. **Motivarles**: debes mantener ese espíritu del entrenador positivo. Estimular su motivación pidiéndoles esfuerzos, trabajo en equipo, dando esperanzas si el resultado es desfavorable, pedir más sacrificios en defensa, transmitir confianza en sus habilidades, en que lo pueden conseguir, etc. Debes ser positivo en todo momento y transmitir pasión, los jugadores se contagian de energía.

¿Podrías hacer o decir más cosas? Lo que quieras, solo te ha dado una idea de cómo lo podrías estructurar para facilitarte el trabajo y para dar un mensaje claro y preciso. Sueles tener unos 10 minutos, no te dará tiempo de extenderte con la charla.

CAPÍTULO 10

El análisis de tu equipo: Identifica las fortalezas y debilidades de tu equipo para corregirlas

La mayor parte del libro he enfocado los análisis en el rival. Seamos sinceros, lo que más nos interesa a los entrenadores es tener la capacidad de encontrar los puntos débiles de los rivales para así aprovecharlos e intentar ganar los partidos. Por lo tanto, el enfoque más importante que buscamos está en la observación de nuestros contrincantes y de saber detectar esas debilidades y puntos fuertes que puedan ser diferenciales. Sin embargo, le damos poca importancia al análisis de nuestro equipo porque conocemos a nuestros jugadores, porque vemos los partidos semana tras semana y porque sabemos el rendimiento que nos pueden dar, pero desconocemos cuanta información positiva podemos sacar de un análisis propio.

Es cierto que podemos sacar información importante de nuestro equipo sin necesidad de grabar el partido, a través de apuntes o recordando las acciones vividas, aunque nos perdemos muchos detalles porque no podemos analizar cada situación en directo. Tampoco podremos mostrarles a los jugadores los fallos para corregirles si no tenemos el partido grabado. Hay muchos detalles que solo se ven en el vídeo y ayudan a corregir para dar un plus al equipo. Por lo tanto, es muy importante que grabes los partidos.

Debes analizar de tus jugadores lo mismo que te plantee de los rivales. En este caso, vamos a enfocarnos en los aspectos globales que están relacionados con nuestro estilo de juego, y también en las situaciones individuales de cada jugador. Si consideras los mismos puntos de análisis del rival con el de tu equipo, identificarás dónde están fallando tus jugadores en ataque y en defensa. Además, podrás percibir muchos detalles que no se detectan tan fácil en directo como la distancia que hay entre líneas, o la separación entre jugadores de la misma línea según la zona del ataque, o la posición de los jugadores en el campo, los movimientos de los jugadores, las coberturas que no se están haciendo, los apoyos en los momentos ideales, etc.

Estos detalles marcan la diferencia y son los aspectos más importantes de la corrección individual y grupal. Puedes corregir de un partido ciertas acciones del estilo de juego, puedes corregirle a un jugador una situación individual que hace mal, e incluso puedes corregir estructuras tácticas que no están saliendo bien. Con el análisis de vídeo vas a ser capaz de reforzar la información de forma visual, permitiendo que tus jugadores entiendan donde están los fallos que han realizado y sean conscientes de ellos porque se ven en la pantalla.

Uno de los principales problemas que tenemos los entrenadores es que los jugadores no son objetivos. La mayoría cree que debe ser titular por delante de los demás sin analizar sus partidos y sin tener la capacidad de comprender cuáles son sus fallos. Aunque cometan errores en el partido y se lo corrijas, ellos pueden creer que el fallo no es importante o simplemente no lo analizan como un problema. Con el vídeo podrás mostrarle sus errores, las cosas que has entrenado, lo que quieres de ellos y los aspectos que deben mejorar de forma individual. El jugador no podrá argumentar nada si se queda en el banquillo cuando se ve fallando en el vídeo. Si no lo tienes, ¿cómo le dices que no está haciendo las cosas bien?

Si un jugador no es objetivo y le muestras las acciones que realiza mal, tienes argumentos para dejarle en el banquillo y evitar conflictos innecesarios. Si no tienes vídeo para mostrarle, podrías decirle que no está entrenando bien o que no está compitiendo como debe ser; puede creerte o no, pero también podría estar de mal humor creyendo que no tienes la razón y haciendo un ambiente incómodo. Esto sucede en todas las categorías pero sobre todo en fútbol amateur, en juveniles y en cadetes; estas edades empiezan a ser más competitivas y algunos jugadores son poco objetivos con su nivel de rendimiento a comparación del resto.

Es decir, además de corregir los aspectos grupales e individuales de tu equipo con el vídeo, también te sirve como apoyo para gestionar el grupo y modificar ciertas situaciones con respecto a los jugadores. Son todas ventajas.

¿Cuáles son los aspectos que podrías analizar de tus partidos? Te voy a mencionar esos detalles micros que suelo observar en los partidos de nuestro equipo con el fin de corregirles para mejorar el rendimiento. No voy a mencionar los mismos aspectos que te he explicado del rival en capítulos anteriores para no repetir información, debes leer esos capítulos y aplicarlo con tu equipo también. **Mi intención es darte unos aspectos adicionales que son importantes para nosotros y que no son tan determinantes de analizar del rival para el plan de partido.**

- **Los perfiles corporales y el tipo de control del balón.** Una de las cosas que considero más importante en el ataque combinativo es la posición de los jugadores dentro del campo, los movimientos que realizan en él y los perfiles que deben tener para recibir un balón y realizar la siguiente acción. Ya he hablado sobre los dos primeros puntos, pero no he destacado el análisis del perfil corporal del rival en situación de ataque porque son micros detalles que no nos debe interesar del rival en ciertas categorías. Ahora bien, si nos debe importar para trabajar con nuestros jugadores.

Si queremos jugar combinativo y nuestros jugadores no tienen el perfil correcto en cada situación, o no realizan un buen control del balón que les permita ganar tiempo y espacio con respecto al rival, esto puede impedir que progresemos en ataque de manera efectiva. ¿A qué me refiero con el perfil corporal y control del balón? A la posición corporal que deben adaptar los jugadores según ciertas situaciones con el fin de ganar tiempo en la siguiente acción. Si jugaste fútbol alguna vez, sabes qué es algo básico del fútbol que deben saber los jugadores, pero créeme, suelen cometer muchos errores de perfiles en todas las categorías y es algo que no lo solemos percibir de nuestros jugadores hasta que no miramos el partido con detenimiento.

- **La percepción del jugador.** Un aspecto difícil de trabajar es el entendimiento del juego. Hay jugadores que interpretan bien las situaciones del partido y actúan en consecuencia para sacar ventaja. Por ejemplo, los extremos que se desmarcan en el momento exacto y ganan la posición de su rival o los defensas centrales que se alejan de su referencia de marca en ataque para recibir el balón con mayor tiempo y espacio. Luego están la mayoría de jugadores de fútbol amateur y fútbol base que no realizan estos movimientos naturales sino que debemos enseñárselos o corregirlo mediante acciones y análisis de vídeo.

Éstos últimos no son capaces de percibir todas las situaciones, y aunque hagan una acción aislada muy buena, cometen muchos fallos o no suelen llegar a las jugadas de manera eficiente por pensar tarde en la acción. En el análisis de vídeo podemos observar estas conductas y mostrárselas a los jugadores para corregir y para recibir el *feedback* de ellos. Estos son detalles que pueden marcar la diferencia de un partido y no se suele detectar tan fácil en directo.

Cuando un jugador observa donde están los errores que cometió en el campo por no interpretar la jugada, le puede ayudar a estar más atento en los siguientes partidos. La clave es mostrarle los fallos de interpretación de la jugada o la falta de concentración en la acción. Luego, entrenar esas acciones para corregirlo de forma práctica. Y por último, recordar en los primeros partidos a través de mensajes que le permitan estar atento a esa situación puntual. Con fútbol amateur quizás no sea necesario recordar todo el rato, aunque algún jugador lo necesitará.

- **Moverse menos en el campo pero más efectivo**. Esto ocurre con muchos jugadores de fútbol amateur y fútbol base. Les gusta moverse por todo el campo para pedir el balón, queriendo dar apoyos en todos los sectores y suelen hacerlo de forma negativa porque no se alejan de su rival sino que se mueven con él. Sucede muchas veces con los mediocentros que se mueven de un lado al otro dando apoyos y no tienen la inteligencia de percibir que hace el rival para alejarse de él. Quieren apoyar al poseedor del balón al mismo tiempo en el que se mueven con su referencia de marca, eso permite que su tiempo y espacio sea corto para poder recibir y progresar.

Los jugadores están acostumbrados a moverse mucho porque la mayoría de los entrenadores les piden que deben estar en constante movimiento para dar apoyos, y no siempre es así. Deben entender cuando moverse para dar apoyos mientras se alejan de su referencia de marca, o cuando no tienen que moverse tanto para estar mejor posicionados ante un posible pase. Además, moverse mucho provoca que le quite la posibilidad de pase a otro jugador de su mismo equipo porque se mete en la línea de pase atrayendo a su marca. Esto lo puedes percibir en el vídeo para corregirlo de forma didáctica. Observando el partido en directo es complicado atender a todos estos detalles.

- **Apoyos al poseedor del balón que se encuentra presionado**. Si queremos jugar combinativo, necesitamos dar apoyos al poseedor del balón para que éste tenga soluciones siempre que esté presionado. Por supuesto, hay que entrenarlo para que los jugadores lo puedan entender. Lo que quiero expresar en este punto es que estos detalles los podemos analizar durante la sesión de vídeo porque en el partido estamos analizando que hace el jugador que tiene el balón o los jugadores cercanos, pero a veces los jugadores alejados deben percibir estas situaciones y dar apoyos con el fin de ser un posible receptor que permita progresar en ataque. El vídeo te hará analizar qué aspectos debes mejorar en estas situaciones y qué jugadores deben dar los apoyos en ciertos momentos de presión y no quedarse parados con su referencia de marca.

- **Participar de forma activa en las jugadas.** Siguiendo la línea del punto anterior, hay jugadores que no están participando de forma activa en el juego porque no están percibiendo lo que sucede a su alrededor y esto lo podemos detectar con el vídeo. Ya sea a la hora de defender o atacar. Ejemplo: a veces, un jugador debe moverse para dar una opción de pase al poseedor del balón. En otros momentos, los jugadores deben moverse para generar un espacio arrastrando (moviendo con él) a su marca y que permita que haya una opción de pase con otro compañero. Esto es participar de forma activa y se deben entrenar ciertos movimientos ante distintas presiones rivales para favorecer que tengamos progresión en el juego. La mejor forma de observar estos detalles y corregirlo con nuestros jugadores es a través del vídeo.

- **Marcas en área.** Un detalle muy importante a la hora de defender y que no prestamos atención durante la pretemporada y temporada suele ser la defensa de área de nuestro equipo en situaciones de centro lateral o acciones a balón parado. Hemos hablado de ABP en el libro, pero no de defender las situaciones de centro lateral. Por experiencia te digo que los jugadores no suelen defender bien estas situaciones porque están más pendientes del balón que de la referencia de marca.

No le damos mucha importancia a estas situaciones hasta que nos meten goles producto de malas marcas que hacen los defensas y medios. Normalmente, ante la posibilidad de un centro lateral, los defensores centrales se meten al área cerca del portero y se olvidan de sus referencias de marcas. Cuando se realiza el centro, tienen opciones de despejar el balón si va a su zona, pero si el centro va al rival que ha encontrado un espacio entre centrales, o entre lateral y central, o en un espacio no defendido correctamente, éstos jugadores suelen rematar con comodidad. Lo podemos observar en el vídeo para corregirlo. En directo la jugada es muy rápida y difícil de percibir los fallos. Debemos pensar en cómo queremos defender esas situaciones, mostrarle los fallos, plantear la solución y luego entrenarlo.

- **Trabajos individuales**. Y por último, un detalle a corregir son los trabajos defensivos y ofensivos individuales. En defensa: los perfiles corporales a la hora de defender las situaciones de 1vs1, la acciones en duelos de cabeza, el uso del cuerpo para evitar ser superado, la interpretación del juego directo para que no le ganen la espalda, las entradas sin hacer falta, las marcas, los despejes, etc. Todo lo relacionado a situaciones defensivas desde el punto de vista individual. En el vídeo puedes observar estos detalles micros individuales o colectivos que son importantes para trabajarlo y mejorarlo.

¿Cuál situación es una de las que más se suele dar de forma individual en el fútbol amateur y fútbol base? **Los jugadores no saben temporizar para recuperar un balón.** Tienen la tendencia de ir a marcar al jugador que tiene el balón sin frenar su carrera, ni con el perfil corporal correcto, y son superados con cierta facilidad. Esto sucede en casi todas las categorías porque nadie les ha enseñado cuál es el perfil correcto para defender situaciones de 1vs1, o no lo han entrenado con frecuencia porque es algo que entrenamos muy pocas veces durante la temporada. Es una debilidad muy grande porque es la manera en la que suelen superarnos los equipos de mejor nivel en partidos igualados; situaciones individuales que pueden decidir un partido.

¿Y en ataque? Todo lo que seguramente ya conoces y que algunos hemos mencionado. Perfiles corporales para recibir un balón, conducción, fijar rivales, situaciones de 1vs1, apoyos al poseedor, golpeos de balón, controles, cómo atacar el área en centros, etc.

CAPÍTULO 11

Cómo grabar los partidos de fútbol: aspectos a considerar antes, durante y después

Si tienes la posibilidad de grabar tus partidos, hazlo. Es el mejor recurso que puedes tener para mejorar el rendimiento de tu equipo de forma global e individual. Un entrenador promedio suele enseñarles a los jugadores a golpear el balón sin muchos criterios, a trabajar pocos aspectos tácticos del juego, hace ejercicios de posesión sin ninguna transferencia al partido, no corrige en los partidos de entrenamiento ninguna circunstancia, les pone a hacer físico la mitad de cada entrenamiento en la semana y llega al fin de semana y exige que hagan cosas que no han entrenado. Ese es un entrenador promedio, y de esos hay muchísimos.

En mis inicios hice algunas cosas de ese tipo de entrenador porque era la manera que me habían enseñado. Aprendí de algunos entrenadores cosas productivas pero habrían otros que solo entrenaban cosas sin sentido; al menos algunos ejercicios eran divertidos. Por eso, yo también lo hacía con mis jugadores, entrenar aspectos generales sin entender la transferencia al juego, y luego pedirles en la charla que hiciesen cosas diferentes según lo que veía del partido. Luego aprendí que esa forma de enseñar realmente no es productiva para el jugador y debemos enseñarles lo que queremos que hagan, enfocado en la idea de juego.

Si no lo entrenas, no lo exijas. Y si lo entrenas, y no lo refuerzas de manera positiva o no lo corriges, ¿cómo lo haces productivo para el jugador y para el equipo? Es difícil. Entonces, además de explicarlo y entrenarlo, ¿cómo podemos mejorar esos aspectos del equipo para corregir las situaciones del juego? A través del vídeo de tus partidos. Por mucho que entrenes situaciones y quieras que se realicen en los partidos, si no puedes observar las secuencias de las acciones de manera detallada en el partido, ¿cómo vas a corregir y mejorar las situaciones? Sin vídeo podrías recordar alguna acción puntual, pero para cuando vayas a entrenarlo, no recordarás todos los matices de la jugada.

El vídeo es tu mayor recurso para hacer que tus jugadores evolucionen de manera efectiva. Ahora, hay aspectos que debes tener en cuenta para grabar un partido de fútbol y son los que te voy a mencionar:

1. **Permisos y reglamentación**: lo primero que deberíamos hacer es pedir permiso al club y a los padres del equipo en donde estemos si son menores de edad, es un tema legal que debemos considerar. Normalmente, no suelen prohibir grabar los partidos, dependiendo de la edad de los chicos, pero hay que pedir permiso siempre. Al menos, debes hablar con el club para tener su consentimiento. Yo nunca he tenido problemas con el tema de grabación porque a los padres les gusta todas las cosas que ayuden a la formación de sus hijos. Sin embargo, puede haber alguno que ocasione un problema

y lo ideal es tener su consentimiento hablándolo primero con el club.

Por otra parte, podrías tener algún inconveniente si estás en el campo rival porque puede que no les guste que graben a los chicos. En esos casos tendrás que guardar la cámara. Pueden ser las normas de ese club y hay que respetar esas normas aunque eso signifique no tener recursos de vídeo para corregir las acciones del juego. En España, suele haber algunos sitios que no te permiten grabar, sobre todo con chicos menores de 14 años.

Y por último, si grabas partidos, úsalo de manera interna y privada. No publiques ningún vídeo en redes sociales ni en páginas webs, ni en YouTube porque podrías tener un problema. Recuerda que juegas contra un equipo rival y si un padre del otro equipo ve un vídeo tuyo en donde sale su hijo y no te dio su consentimiento, puedes tener un problema. Todo lo que grabes úsalo de forma interna para corregir y mejorar cosas del equipo. Es posible que publiques en las redes sociales alguna situación puntual y no tengas problema, pero si lo haces constantemente, podrías tener inconvenientes.

2. **Herramientas para grabar el partido**. Es obvio que necesitas materiales para grabar los partidos. La mayoría de los clubes no tienen estas herramientas para todas las categorías, salvo que estés en cierto nivel y tengan recursos para grabar partidos. No tienes por qué comprarte una cámara específica para grabar, sería lo ideal pero no es obligatorio. Puedes hacerlo con tu teléfono móvil

sin ningún problema. Lo que si necesitas es un trípode. No vas a pedirle a alguien que grabe tus partidos con el teléfono en la mano, ¿no? Es muy incómodo y luego, al ver la grabación te puedes marear. Invierte en un trípode que no es muy costoso. De hecho en España te puede costar menos de 20 euros. Te dejo un link donde puedes adquirir uno económico que es el que uso yo, elaborado por Amazon y que tiene muy buenas votaciones.

3. **Alguien que pueda grabar**. Este es un problema que nos va a suceder en algunos momentos y tenemos que intentar gestionarlo. Si tienes un segundo entrenador, puede grabar él. Ahora, si no tienes segundo entrenador, debes buscar a alguien que esté dispuesto a ello. Lo ideal es que lo haga un jugador que no haya sido convocado o esté lesionado, de tal manera que la grabación lo hacen ellos en cada partido y te quitas el dolor de cabeza. Ten en cuenta que puede que graben mal en algunos momentos del

partido, pero al menos tendrás recursos. Otra opción puede ser de algún padre de un jugador que nos quiera ayudar. Se lo podríamos pedir a alguien que esté muy involucrado y dispuesto a ayudar, puede ser una gran opción.

4. **Ubicación para grabar el partido.** Lo ideal es poner el trípode en la mayor altura de la grada y en el centro del campo con el fin de observar la mayor parte del terreno de juego. También podrías hacerlo hacia un lado de la grada y tendrías una perspectiva diferente. Esta grabación te va a permitir tener recursos desde una perspectiva completa de todo lo que sucede en el partido. ¿Y si no hay grada? Lo tendrás que hacer a pie de campo. Mi recomendación es que lo hagas en el centro igualmente, evitar que haya obstáculos cercanos que impidan ver fases del partido. No es la opción más agradable para identificar cosas del partido, pero es mejor eso que nada.

5. **¿Qué debemos grabar exactamente?** Debemos pedirle a la persona que va a grabar que lo haga con el mayor campo de visión posible de terreno de juego, evitando hacer zoom a las jugadas. No queremos hacer zoom porque no nos interesan las jugadas individuales de manera detallada. Necesitamos el plano completo de la acción, en donde podamos ver la jugada, a los jugadores cercanos a la posición del balón y la mayor cantidad de jugadores alejados que se puedan apreciar en el vídeo. Esto lo tenemos claro nosotros como entrenadores, lo sé, pero si un padre está grabando y no les das estas indicaciones, prepárate para ver zoom en muchas jugadas y perderte de los aspectos importantes del equipo.

¿Cuándo se podría hacer Zoom? En acciones a balón parado (ABP), como el córner y las faltas. Estas acciones podrían detallarse más aspectos individuales si se aumenta el zoom y nos puede ayudar para corregir ciertas conductas. Por supuesto, si la grada está muy lejos del campo, podríamos pedirle que haga un poco de zoom para grabar. Tener el 100% de campo en la visión de la cámara en una posición lejana puede hacer que se vea muy lejos la jugada y nos perdemos detalles. Aplica el sentido común.

6. **Aspecto a considerar en la grabación.** Si grabas desde un teléfono móvil ten en cuenta la capacidad de la memoria para grabar y la configuración de la cámara. Si graba en HD es posible que tu grabación deba ser pausado cada cierto tiempo porque puedes tener un límite de GB grabados durante un mismo fragmento. Me pasó una vez que tenía un móvil que grababa hasta 4GB, al llegar a esa capacidad, parecía que seguía grabando pero realmente no era así, el vídeo quedaba incompleto. Había que pausar el vídeo cada 20-25 minutos para volver a grabar otro fragmento nuevo. No debería pasarte, pero tenlo en consideración. En este caso podrías verificar la configuración del teléfono o probar en entrenamientos a ver cómo funciona.

7. **Revisa el vídeo antes de enviarlo a los jugadores**. La mayoría de los jugadores quieren ver el partido que has grabado. Revisa el partido para confirmar que está todo bien y que no haya ningún problema o te hayas equivocado en la unión de los partidos. Luego puedes subirlo a YouTube y enviarlo. **Recuerda ponerlo en SILENCIO.** Normalmente el que graba estará acompañado

de jugadores u otros padres, y van a comentar sobre el partido, pudiendo hablar mal de algunos jugadores o de algunas acciones. Para evitar cualquier polémica o cualquier inconveniente, silencia el vídeo. Créeme, estas cosas pasan y puede generar algún conflicto.

PROGRAMA DE EDICIÓN DE VÍDEO:

Una vez tengamos nuestro partido o el del rival en formato de vídeo, es momento de poner en práctica nuestros análisis del libro y fragmentar cada una de las acciones que queramos recordar o usar durante la sesión de vídeo con nuestros jugadores. Como te mencioné anteriormente, el vídeo que vas a presentar a tus jugadores debe ser corto y preciso. No podemos poner tantas acciones de un partido y cada fragmento debe estar sintetizado. Es decir, si una acción dura 14 segundos, no hagas el recorte de un total de 20 segundos, salvo que sea importante lo que sucedió previamente a esa jugada. Así puedes poner más jugadas en menos tiempo.

¿Cómo fragmentamos los vídeos? Podríamos hacerlo usando el grabador de pantalla del ordenador, sin ningún coste. Es una forma. ¿Cuál sería el problema? El tiempo que te lleva realizar esto y no podrás hacer ediciones internas. Tienes que grabar tu pantalla en cada momento que quieras hacer una jugada, cosa que no es muy práctico. Grabarás al mismo tiempo el reproductor que estés usando para transmitir el vídeo, y en la imagen que presentes se notará. Y, si quieres realizar ajustes específicos, dibujos para señalar algo, zoom, o acciones en concreto, no podrás hacerlo. Es muy limitado, pero es gratis.

¿Qué otras opciones tenemos? En mi caso uso LongoMatch y es con el que trabajo con mis estudiantes. Es sin duda un software muy completo, fácil de usar para la edición de vídeos y con múltiples idiomas. Hay varios en el mercado como ERIC Sport, NacSport, entre otros, los he usado la mayoría pero sin duda me quedo con Longomatch por la practicidad y por el precio. Y si, al estar especializado en el mundo del vídeo análisis, trabajar con ellos desde hace años y al tener estudiantes interesados en los análisis de vídeo, me dejan precios especiales para sus planes en dónde gano un pequeño porcentaje para quienes están interesados, ganan los estudiantes con precios más baratos y gana la empresa porque vende más. «*Win to Win*».

Lo primero que deben entender estas empresas es que la mayoría de entrenadores de fútbol amateur y fútbol base ganan una cantidad de dinero mensual que no es muy elevada. Hay empresas que por usar su software cobran el sueldo de media temporada de algunos entrenadores. **No tiene sentido.** LongoMatch tiene un precio más económico con su plan Starter a comparación de otras plataformas, y a mí me mejoran ese precio para los interesados en mi curso, o a través de este libro, porque les he planteado la situación que viven la mayoría de los entrenadores de fútbol y entienden el uso que le vamos a dar al software en ciertas categorías y nivel.

Como te mencioné antes, no es necesario usar estos programas para realizar fragmentos de vídeos, podrías hacerlo grabando la pantalla aunque tengas limitaciones. Mi intención con el libro no es venderte nada, podrías comprarlo por tu cuenta directamente desde la plataforma de ellos si te interesa. A mí me dejan las licencias más baratas porque llevo años trabajando con estas plataformas y porque a ellos les interesa vender más y liderar el mercado. **Pero yo no gestiono esas licencias de manera oficial, lo hacen ellos y tú tendrás tu cuenta asociada a ellos (como debe ser).**

No me voy a extender en hablar sobre LongoMatch porque en mi página web explico detalladamente cómo funciona, como usarlo completamente, qué puedes hacer con los distintos planes y el precio que me dan a comparación del precio en su plataforma. Si estás interesado te dejo el siguiente código QR en el que puedes entrar a ver todos los detalles con demostraciones de vídeos, ejemplos y explicaciones.

Y si tienes otro programa de análisis de fútbol o tu club tiene licencias para el uso de los entrenadores, entonces aprovéchalo con este libro para desarrollar el mejor potencial de tu equipo y aumentar las probabilidades de ganar los partidos. Luego de fragmentar las acciones, te recomiendo usar un programa de edición de vídeos para unir los fragmentos en secuencias según las fases del partido o lo que quieras detallar. Hay múltiples programas gratis que puedes usar para edición de vídeo.

Ya tienes todas las herramientas para aumentar las probabilidades de ganar tus partidos analizando los puntos fuertes y débiles del rival, de mejorar el rendimiento de tu equipo a nivel colectivo e individual, y de mejorar como entrenador de fútbol. Te garantizo que, cuanto más analizas y detallas las situaciones de un partido, más aprendes de fútbol y más herramientas tienes para tomar decisiones dentro del campo.

Mucho éxito en este nuevo camino. Si te interesa seguir profundizando en este mundo del vídeo análisis de una forma práctica, puedes escribirme a mi instagram: **@alvarofutboles**. También, estaré encantado de leer tus sugerencias del libro, lo que opinas de él, lo que te gustó o te ayudó mucho a ver otra perspectiva, lo que te hubiese gustado que apareciera, etc. Toda opinión siempre es genial para seguir aprendiendo y ayudando a los demás.

Mi intención ha sido transmitirte mis conocimientos, mis experiencias y mis aprendizajes durante los últimos años como analista de fútbol y trabajando con entrenadores de gran nivel, aprendiendo de otros y observando. Si en algo te he podido ayudar, entonces estaré contento. **Y si te ha gustado o he aportado algo en ti, me ayudarías mucho si escribes una reseña en Amazon sobre lo que opinas del libro, lo que** te gustó y lo que te ayudó. De esa forma las demás personas sabrán que se pueden encontrar al leerlo.

¡Muchas gracias de antemano y mucho éxito!

Made in the USA
Las Vegas, NV
23 December 2024

15265795R00121